ぜんぶ絵でわかる 6

建物が壊れない仕組み

佐藤 実

X-Knowledge

はじめに

本書では、世の中にある「建物が壊れない仕組み」を解説しています。建物が壊れない仕組みの基本は「構造安全性」です。「構造」とは、言葉は知っていても一般的には馴染みのないものだと思います。しかし、多くの方が普段生活していくなかでさまざまな「構造」に触れ、恩恵を受けています。この「構造」を広く浅く紐解いていきます。

建築の分野でも「構造」は、難しいものと位置付けられています。この難しさの原因は、構造の理論や設計手法が先行していることです。当然、構造の理論や設計手法は大切です。しかし、これらを理解する前に必要なことは、構造をイメージすることなのです。重さのイメージ、力の流れるイメージ、変形のイメージ、壊れないイメージ（安全に耐えるイメージ）など。本書では、構造のイメージを掴むための事例を多数挙げています。

建物については、木造住宅から鉄骨造、鉄筋コンクリートのビル、古くは、伝統構法や組積造、新しい技術として、組積造の発展形であるシェル構造まで幅広く解説しています。事例のなかには、建物だけではなく、人間の重さのイメージ、日常で使える構造のヒントなど、興味を持て

るような内容、役立つ情報も盛り込みました。読みたいパートから読んでみてください。本書は、建築に携わる方、建築構造の設計者を目指す方だけではなく、一般の方にもぜひとも手に取ってほしいと考えています。そのため、荷重や重さの単位も、日常で使うkg（キログラム）やt（トン）などの単位を使っています。

本書の最終まとめをしている2024年1月1日、能登半島で最大震度7の大地震が発生しました。多くの建物が倒壊し、大切な命が奪われました。大地震のたびに、建物倒壊が発生しますが、地震大国日本において、どこか、地震発生、建物倒壊は防ぎようのないことと諦めているのではないでしょうか。この考えは間違っています。
地震の発生は「天災」です。しかし、地震による建物倒壊は「人災」です。人災であれば防ぐことができます。諦める必要はないのです。「建物が壊れない仕組み」のタイトルは、諦める必要がないこと、希望を持てることを今の世に示すために生まれたと考えています。

2024年1月吉日　佐藤 実

第 **4** 章

つよさ

第 **5** 章

これってホント?

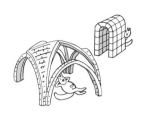

第 8 章
空間をつくる

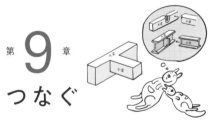

第 9 章
つなぐ

第 10 章
橋をつくる

第 11 章
新しい技術
微動探査

STAFF
カバー・キャラクターイラスト ...... 大野文彰
イラスト ...... 大野文彰
イラスト協力 ...... 土居 守 (M's構造設計)
デザイン ...... 三木俊一 (文京図案室)
組版 ...... 竹下隆雄 (TKクリエイト)
印刷・製本 ...... シナノ書籍印刷

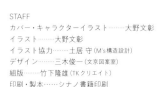

第 1 章

重さ

構造的な視点から「重さ」に注目しました。
「重いはずなのに、なぜか軽い、軽いはずなのに、なぜか重い」という
不思議な現象や、構造別重さのイメージ、重さがもたらすさまざまな
影響について、実はとてもおもしろい「重さ」の世界を見てみましょう！

街で見かける建物の重さはどのくらい？(木造)

散歩で見かける近所の木造2階建ての住宅は、どのくらいの重さなのか、考えてみましょう。構造計算では、**重さ＝荷重**と考え、重さの単位(kg)ではなくN、kNとしていますが、この章では、一般的にイメージしやすいkg、t(トン)を用います。

重さの比較は「接地圧」で考える

たとえば、1階と2階の床面積がそれぞれ50㎡(合計100㎡)の住宅は、基礎まで加えると重さは75トンから100トンになる。複数の重さを比較して考える場合、**建物の重さ÷基礎の底版面積**で算出した「**接地圧**」[※]を用いる

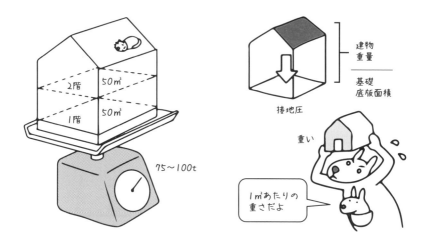

建物重量／基礎底版面積

接地圧

重い

1㎡あたりの重さだよ

「木造2階建ての住宅」と「両足立ちの人」の接地圧はほぼ同じ

まず、木造2階建て住宅で、基礎がべた基礎の場合の接地圧を計算してみよう

・建物の重さは75トンから100トン。
　ここでは75トンで考える

・べた基礎の底版面積50㎡

接地圧＝75トン÷50㎡＝1.5トン/㎡となる(100トンの場合は2.0トン/㎡)

＊実際の設計では、N(ニュートン)の単位で計算するため、1.5トン/㎡は15kN/㎡(2.0トン/㎡は20kN/㎡)となる

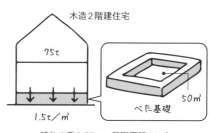

木造2階建住宅

75t

1.5t／㎡

50㎡

べた基礎

建物の重さ75t ÷ 基礎面積50㎡
＝1.5t/㎡

※ 接地圧は地盤に与える圧力のことだが、イメージしやすいように、ここでは「重さ」で表現する

同様に、人の接地圧を計算しよう

・体重65kg、足の大きさを26cm（足の幅平均8cm）で考える

接地圧＝0.065トン÷（0.26 m×0.08 m×両足2）＝1.56トン/㎡となる

つまり、「両足立ち」と「木造2階建て住宅」の「接地圧」はほぼ同じとなる

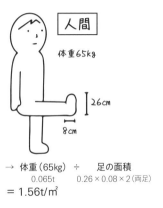

人間

体重65kg

26cm

8cm

→ 体重（65kg） ÷ 足の面積
　 0.065t 　　　0.26×0.08×2（両足）
= 1.56t/㎡

人の「接地圧」は女性のほうが小さい？

column

そうとも言えません……体重が軽くても足のサイズが小さくなれば、重さ（接地圧）はさほど変わりません。しかし女性がハイヒールを履いたりすると、地面に接する面積はかなり小さくなります。かかとで踏んだ際に地盤に与える重さ（接地圧）は、劇的に大きくなるのです!!

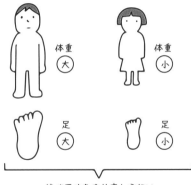

体重
大

体重
小

足
大

足
小

接地圧はあまり変わらない

たとえば、体重45kgの女性がハイヒールを履き、ハイヒールのかかと面積は片足で1.0c㎡とします
接地圧＝0.045トン÷（0.01 m×0.01 m×片足2）＝225トン/㎡
これは木造2階建て住宅の150軒分です!!

1cm

1cm

→ 体重（45kg）÷ハイヒールのかかと
　 0.045t 　　　0.01m×0.01m×2（両足）
= 225t/㎡

×150軒!!

木造2階建住宅（1.5t/㎡）

街で見かける建物の重さはどのくらい？（鉄骨造）

次に、鉄骨造2階建ての住宅ではどのくらいでしょうか。

鉄骨造2階建て住宅は鎌倉の大仏より重い？

1層50㎡、総2階の鉄骨造べた基礎の場合、建物の重さは約150トンになる。これは木造（75t の場合）の約2.0倍である

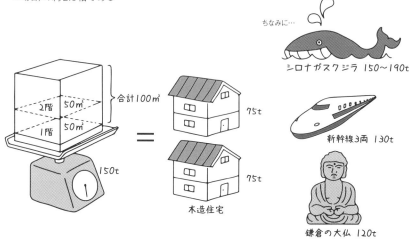

ちなみに…

シロナガスクジラ 150〜190t

新幹線3両 130t

鎌倉の大仏 120t

合計100㎡

2階 50㎡
1階 50㎡

150t

75t
75t
木造住宅

「鉄骨造2階建て住宅」と「片足立ちの人」の接地圧は、ほぼ同じ

鉄骨造2階建て建物と人の地盤に与える重さ（接地圧）で、重さをイメージしてみよう

べた基礎の底版面積は50㎡とすると、接地 圧は3.0トン/㎡となる

片足で立った際の人の接地 圧は、3.12トン/㎡となる

150t

べた基礎
50㎡

建物の重さ ÷ 基礎面積
150t　　　　50㎡
= 3.0t/㎡

人間

足の大きさ

26cm

8cm

体重65kg

体重 ÷ 足の面積 ＝ 3.12t/㎡
0.065t　（0.26×0.08）
片足

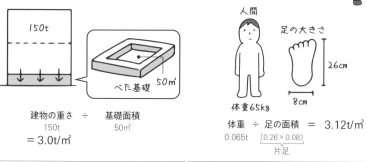

「鉄骨造2階建て住宅」と「片足立ちの人」の接地圧は、ほぼ同じくらい

街で見かける建物の重さはどのくらい？（鉄筋コンクリート造）

それでは、鉄筋コンクリート造2階建ての住宅の場合はどのくらいでしょうか。

鉄筋コンクリート造2階建て住宅はガンダム級人型ロボット7体より重い？

1層50㎡、総2階の鉄筋コンクリート造でべた基礎の場合、建物の重さは約250トンになる。これは木造の場合の約3.3倍である

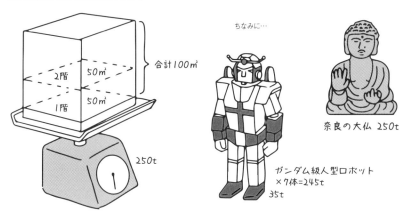

ちなみに…

合計100㎡

2階 50㎡

1階 50㎡

250t

奈良の大仏 250t

ガンダム級人型ロボット ×7体=245t
35t

「RC造2階建て住宅」と「片足立ちの力士」の接地圧は、ほぼ同じ

次に、鉄筋コンクリート造2階建て建物と力士の地盤に与える重さ（接地圧）で重さをイメージしてみよう

べた基礎の底版面積は50㎡とすると、接地圧は5.0トン/㎡となる

体重150kgの力士が片足で立った際の接地圧は、5.0トン/㎡となる

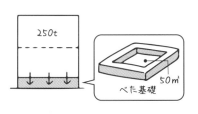

250t

50㎡

べた基礎

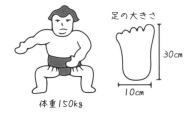

足の大きさ

30cm

10cm

体重150kg

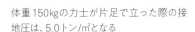

建物の重さ ÷ 基礎面積 ＝ 5.0t/㎡
250t　　　　　50㎡

体重 ÷ 足の大きさ ＝ 5.0t/㎡
0.15t　　(0.3×0.1)
　　　　　片足

「鉄筋コンクリート造2階建て住宅」と「片足立ちの力士」の接地圧は、ほぼ同じ！となる

なぜ人では地盤沈下が起きないのか？

建物は柔らかい地盤に建てると、地盤が建物の重さに耐えられず沈んでしまうことがあります。これを**地盤沈下**とよびます。しかし、建物と同じくらいの重さ [※] である人間は、柔らかい地盤に立っても建物のように地盤沈下が起きません。それはなぜでしょうか？

地盤に影響を与える「深さ」と「時間」

建物の重さを基礎の底版面積で割った重さには、同時に考えるべきことがある。それは、地盤に影響を与える「**深さ**」と「**時間**」である。建物と人間の重さが同じでも、それは地盤面上のことで、地盤に影響を与える「**深さ**」はまったく異なるのだ。一般的に、**重さが地盤に影響する「深さ」は、接地面の長さの1.5倍から2.0倍である**

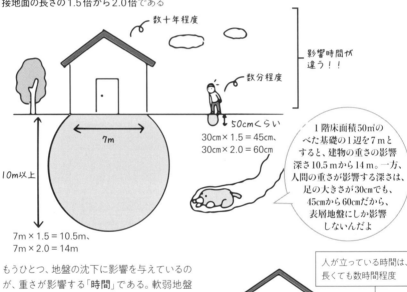

数十年程度

影響時間が違う！！

数分程度

50cmくらい
30cm×1.5 = 45cm、
30cm×2.0 = 60cm

10m以上

7m

7m×1.5 = 10.5m、
7m×2.0 = 14m

1階床面積50㎡のべた基礎の1辺を7mとすると、建物の重さの影響深さ10.5mから14m。一方、人間の重さが影響する深さは、足の大きさが30cmでも、45cmから60cmだから、表層地盤にしか影響しないんだよ

もうひとつ、地盤の沈下に影響を与えているのが、重さが影響する「**時間**」である。軟弱地盤が沈下を起こすには長い時間をかけ沈下することが多く、人間が一時的に地盤に立った程度では地盤の沈下が起きることは考えにくいのだ

時間が経ってるな…

人が立っている時間は、長くても数時間程度

粘性土や腐植土などの軟弱地盤は、3〜5年間(長い場合は10年以上)土中の水が排水されて体積が減少し、沈下するんだよ

※ ここでの「重さ」は接地圧を示す

地盤の上に「重いもの」が載ったときの地盤沈下

建物やさまざまな物の重さと地盤に与える影響についてイメージできたところで、現実の地盤沈下を考えてみよう。地盤沈下とは、地盤が沈み込む現象である。これは、地盤の上に「重いもの」が載ったときに起きる

盛り上がる　盛り上がる

せん断破壊

建物などの重いものが載ると、地盤は「破壊」と「圧縮」により地盤沈下する。「破壊」とは、建物の重さに耐えられない地盤が、横に逃げてしまう（せん断破壊してしまう）現象のこと

図のように、
足の横に土が盛り上がるのは、
足の下の地盤が破壊されて
横に逃げたための
現象だよ

盛り上がる　盛り上がる

せん断破壊

粘性土地盤で起きる「圧縮」による沈下現象

建物の重さで圧縮された粘性土の地盤は、数年かけて水が抜けていく。その水の抜けた体積の分だけ沈下する現象が、圧密沈下とよばれる沈下現象である

等沈下でも、
数センチレベルで沈下する
ことで、地面に埋まっている
給排水設備などは影響を
受けるので、沈下は
要注意だよ

水の体積分、
沈下する

等沈下と不同沈下

建物が均等に沈下する現象を「**等沈下**」という。一方、建物が傾いて沈下する現象を「**不同沈下**」という。不同沈下には、建物がそのまま傾く現象と、折れ曲がり傾く現象がある

等沈下　　　　　　　不同沈下①　　　　　　　不同沈下②

建物が傾かず
に沈下　　　　　　　一体傾斜　　　　　　　変形角を
伴う傾斜　　　変形角

* そのほか、地震が発生したときに起きる現象には、液状化現象による地盤沈下もある

ばかにできない雪の重さ

雪の重さはどのくらい？　ふわふわしているから結構軽いイメージがあるかもしれません。雪国では屋根に積もる雪の影響で扉が開かなくなったり、軒先が壊れたり、建物自体が潰れてしまうこともあります。そう考えると、雪って結構重いのかも。そこで、雪の重さを考えてみましょう！

雪の重さは力士の重さ

建物を設計するときに、建物の耐震性能や強度を確認するために「構造計算」を行う。この構造計算では、雪の重さが決められている[※1]。たとえば、**屋根に積もる雪が1mの場合、雪の重さは屋根1㎡あたり210kgとなる**[※2]

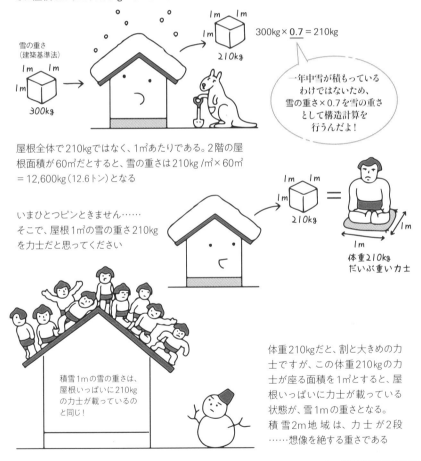

雪の重さ
（建築基準法）

1m 1m 1m
300kg

1m 1m 1m
210kg

300kg × 0.7 = 210kg

一年中雪が積もっている
わけではないため、
雪の重さ×0.7を雪の重さ
として構造計算を
行うんだよ！

屋根全体で210kgではなく、1㎡あたりである。2階の屋根面積が60㎡だとすると、雪の重さは210kg /㎡×60㎡＝12,600kg（12.6トン）となる

いまひとつピンときません……
そこで、屋根1㎡の雪の重さ210kg
を力士だと思ってください

1m 1m 1m
210kg

1m 1m
体重210kg
だいぶ重い力士

積雪1mの雪の重さは、
屋根いっぱいに210kg
の力士が載っているの
と同じ！

体重210kgだと、割と大きめの力士ですが、この体重210kgの力士が座る面積を1㎡とすると、屋根いっぱいに力士が載っている状態が、雪1mの重さとなる。
積雪2m地域は、力士が2段
……想像を絶する重さである

※1 建築基準法施行令および関連告示により積雪荷重が決められている
※2 多雪区域の長期荷重の場合、300kg /㎡に係数0.7をかける

建物の骨組みの重さはどのくらい？

建物をつくるとき、骨組みになる主な材料は、木と鉄、コンクリートです。それぞれの重さを見てみましょう。重さを比較する目安として、それぞれの材料を1㎥あたりの重さとします。

材料（木、コンクリート、鉄）の重さを比較する

木、コンクリート、鉄の重さを比較すると、木＜コンクリート＜鉄となる

①木の重さ
1m 1m 1m

0.3〜1.0t/㎥ ＜

木の重さは1㎥あたり、0.3トンから1.0トンとかなりの幅がある。木はさまざまな材種があり、大きく針葉樹と広葉樹に分けると、**針葉樹1㎥あたり、0.3から0.5トンの重さ**、**広葉樹1㎥あたり、0.5から1.0トンの重さ**である

②コンクリートの重さ
1m 1m 1m

2.3t/㎥ ＜

コンクリートの重さは1㎥あたり、2.3トン。建物の骨組みで使う場合は、鉄筋コンクリートとして鉄筋とコンクリートを組み合わせるため、**鉄筋コンクリート1㎥あたりの重さは、2.4トン**となる

③鉄の重さ
1m 1m 1m

7.85t/㎥

鉄の重さは1㎥あたり7.85トンと、かなり重い

ここで不思議なことが……

鉄骨造2階建ての住宅の重さは約150トン、鉄筋コンクリート造2階建ての住宅の重さは約250トンであった［※、12頁、13頁］。材料としての重さでは、鉄7.85トン/㎥、鉄筋コンクリート2.4トン/㎥と、鉄のほうが約3.3倍も重いのに、建物になると鉄筋コンクリート造のほうが鉄骨造よりも約1.7倍重くなっている

なぜだろうか？？

これは、建物の骨組みで使うボリュームの違いである。重い鉄は、木造のように柱や梁などに鉄を使うが、鉄の重さを抑えるために柱や梁は軽量化されている。それに比べて鉄筋コンクリートは、柱や梁、壁、床に至るまで鉄筋コンクリートで構成し、さらに、柱や梁の断面寸法も大きいため、建物の重量は大きくなっているのだ

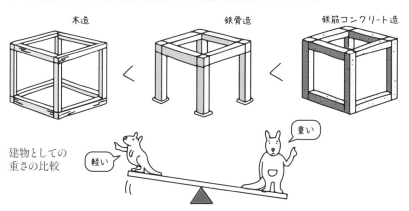

木造　＜　鉄骨造　＜　鉄筋コンクリート造

建物としての重さの比較

軽い　重い

※ 1階と2階の床面積がそれぞれ50㎡（合計100㎡）の住宅

土の重さはどのくらい？

次は、土の重さについて考えてみましょう。土の重さは1㎥あたり1.5トンから1.8トンあります。かなり重いですね。この重さ、車の重さと同じくらいです。

土を建物の重さと比較する

＊土の重さ1.5トン/㎥で計算

木造2階建て住宅（1.5トン/㎥から2.0トン/㎥）
　土の厚さ1mと同じくらいの重さである
鉄骨造2階建ての住宅（3.0トン/㎥）
　土の厚さ2mと同じくらいの重さである
鉄筋コンクリート造2階建ての住宅（5.0トン/㎥）
　土の厚さ3.3mと同じくらいの重さである

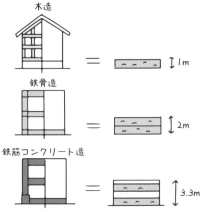

土の重さ

建物が沈下すると、地中の給排水管が接続部分で切れてしまったりするんだよ

1.5〜1.8t/㎥

土の重さで考えてほしいことは、土の重さによる土への影響力。たとえば分譲地の盛土である。新たに分譲地をつくる場合、現状の地盤に土を運搬してきて敷き詰める盛土をする場合が多いと思われる。できたばかりの分譲地では、建物を建てる前の盛土の重さだけでも地盤が沈下する可能性があることを覚えておいてほしい

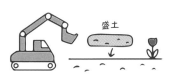

盛土は結構重い

盛土の重さだけで地盤沈下する

地盤沈下を考慮してつくる郊外の高速道路

土の重さによる現状の地盤沈下を考えてつくられているのが、郊外の高速道路です。土を山のように盛り上げ、その上に高速道路をつくります。
その場合、たくさんの盛土で山をつくり、その後、数年間放置することがあります。これはプレロード（あらかじめ載荷）とよび、盛土の重さで現状の地盤沈下をあらかじめ発生させて、沈下が落ち着いたら高速道路をつくり始める方法です

あらかじめ地盤沈下させる

地盤沈下のリスクをなくす（軽量盛土）

傾斜地では建物部分を平坦にするため、盛土を行うのが一般的です。また、豪雨などによる浸水被害が懸念される場所でも盛土することがあります。盛土の重い土を軽くする技術として、**軽量盛土**の考え方があります。

盛土を土木用発泡スチロールに置き換える

郊外の高速道路では、土を山のように盛り上げて現状地盤に盛土の重さをあらかじめ与え、沈下させるプレロード［18頁］を行ったりするが、載荷し放置するので時間がかかる。場合によっては沈下が収まらない可能性も……。そこで、盛土自体を軽くし現状地盤の沈下を抑制する方法として、発泡スチロール（EPS）で盛土部分を構成する工法（EPS工法）がある

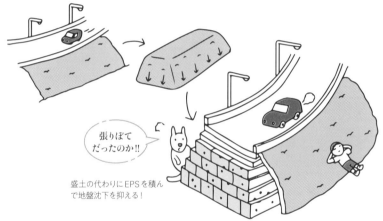

張りぼてだったのか!!

盛土の代わりにEPSを積んで地盤沈下を抑える！

土木用発泡スチロールの耐荷重

そもそも発泡スチロール（EPS）って軽いけど柔らかいのでは？　こんな疑問が出てくる。軽量地盤や「地盤沈下のリスクをなくす（置き換え）」［21頁］で解説する置き換え用の発泡スチロールなどは、土木用の発泡スチロールで、電化製品などの緩衝材としての発泡スチロールよりも、かなり硬めのもの。面圧による許容耐荷重で7トン/㎡以上のものも多く、木造2階建ての重さ（接地圧）1.5トン/㎡から2.0トン/㎡など、余裕で載せることができる。しかも、超軽量である。発泡倍率などにより、さまざまな発泡スチロールがあるが、許容耐荷重が7トン/㎡の発泡スチロールは1㎥の重さが25kg（給水しても100kg）と、土の重量1㎥あたり1.5トンから1.8トンと比べても、1/15から1/18であることがわかる

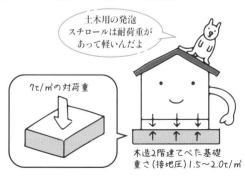

土木用の発泡スチロールは耐荷重があって軽いんだよ

7t/㎡の対荷重

木造2階建てべた基礎重さ（接地圧）1.5〜2.0t/㎡

地盤沈下のリスクをなくす（置き換え）

土はとても重く、盛土は現状の地盤に影響を与えることを「土の重さはどのくらい?」[18頁]で解説しました。実はこの土の重さを逆手に取る技術もあるのです。これは軟弱な地盤に有効な手法です。

木造建物の重さ分の土を減らす

土の重さは1m³あたり1.5トンから1.8トン。ということは、この土を捨てればその分軽くなる。木造2階建て住宅1.5トン/m²から2.0トン/m²は、土の厚さ1mと同じくらいである。つまり、木造2階建て住宅を建てるとき、敷地の土を1mの厚さで捨てると、木造2階建て住宅の重さは捨てた土の重量とで相殺され、地盤の沈下リスクはなくなるのだ

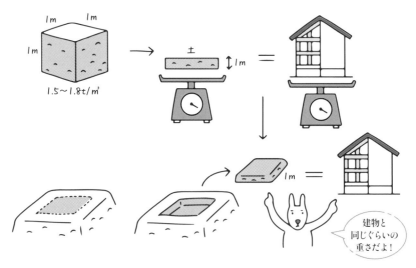

建物と同じぐらいの重さだよ!

これは、荷物を持っているイメージで考えてみよう

今、重さ10kgの荷物を持っている（1mの土のイメージ）。そこにもう10kgの荷物を持ちたい（木造2階建て住宅のイメージ）。しかし、合計20kgの荷物は重く、もしかしたら持ち続けることができないかもしれない（地盤沈下のイメージ）。そこで、まず、今持っている10kgの荷物をおろし、もうひとつある10kgの荷物を持つ、荷物の置き換えである。そうすれば、今までの荷物を重さなので持ち続けることができる。こんなイメージである

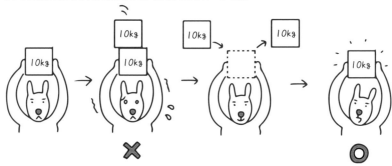

土を捨てた部分を、土より軽量で強いものに置き換える

しかし、実際の建築では土を捨てたままだと地盤に穴が空いた状態である。そこで、その土を捨てた穴に、土よりも軽量で強い「もの」を置き換える。その「もの」とは、ちょっと硬めの発泡スチロール（EPS）などである。土を捨てた部分に、土よりも超軽量体で建物の重さを支えることのできる、ちょっと硬めの発泡スチロール（EPS）に置き換える方法は、杭も打てないような超軟弱な地盤には有効である

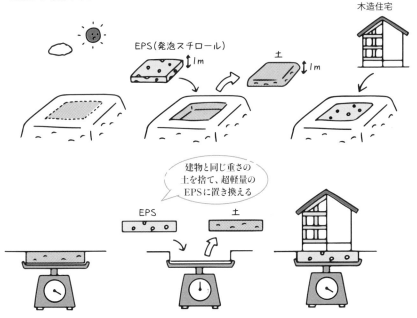

土を捨てた部分を、鉄筋コンクリートの地下室に置き換える

もうひとつ「空間」による置き換えは、地下室をつくることである。地下室は鉄筋コンクリート造なので重いように感じるが、土の中につくる地下室は、地下室を構成する鉄筋コンクリート部分の重さより、地下室の空間をつくるために捨てた土の重さのほうが大きいため、土を軽くする置き換えの効果があるのだ

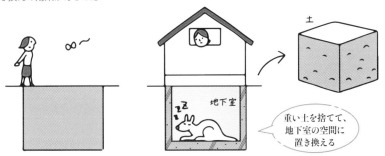

memo

第 2 章

日常でも使える！

構造の基本となる構造力学は難しい
専門分野と思われています。
しかし、構造力学は日常にあふれているのです。
構造力学を知ることで生活が便利になるヒント、
元気に過ごせるヒントが盛りだくさん！
構造力学を楽しく学んでいきましょう!!

固いペットボトルの蓋を簡単に開ける

ペットボトルの蓋って固くて開けにくくないですか？　しかし、構造力学を使うと、簡単に開けることができるのです!!　ここで使う構造力学の知識は「曲げモーメント」。曲げモーメントとは簡単に言えば、回す力のことです。

曲げモーメントが大きいと回転させやすい

曲げモーメントの基本は、回転させる中心点からの距離×直角に押す力。 中心点からの距離が一定であれば、垂直に押す力が大きいほど曲げモーメントは大きくなる

一方、垂直に押す力が一定の場合、中心点からの距離が長いほうが、曲げモーメントは大きくなる。曲げモーメントが大きいとは、回転させやすいということである

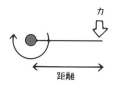

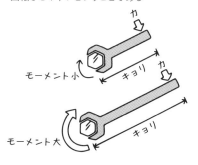

ペットボトルに応用する

ペットボトルではどうだろう。蓋と本体では、径の大きさが異なる。つまり、小さな蓋を回すより径の大きな本体を回すほうが、曲げモーメントが大きくなるのだ。さらに、利き手と逆の手では力に差があるので、それを利用するとより簡単に開けることができる

具体的にはどう開けるかというと……

まず、力の強い利き手で小さな径の蓋をしっかり抑える。そして力の弱い利き手と逆の手で径の大きな本体を回す。そうすると、驚くほど簡単にペットボトルの蓋は開く[※]

ペットボトルを傾けたままやると、蓋が開いたときに中身があふれるので注意してね

利き手で蓋が動かないようにつかむ

モーメント小
回転させるには大きな力が必要

モーメント大
回転させるには小さな力でOK

利き手と逆の手で径の大きい本体を回す

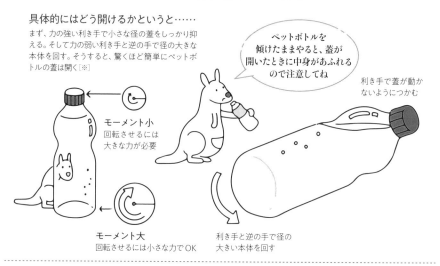

※ 本来、力はつり合っているのですが、左右の手における力の差の影響もあり、実感として開けやすくなります

腰を傷めない重い荷物の持ち方

重い荷物を持つとき、腰を痛めてしまうことってありますよね。それは、荷物の持ち方で防ぐことができます！ここでは医学ではなく構造力学視点で説明します。

曲げモーメントが作用する持ち方は腰を痛める

たとえば、腰を曲げて体から離れた位置の荷物を持つと、腰には**大きな曲げモーメント**が作用する。胴体が長いほど、荷物が重いほど、曲げモーメントは大きくなる。一方、荷物を身体の真下に置いて持ち上げると**軸力のみ**となり、腰には曲げモーメントが作用しないため、腰を痛めるリスクは激減する。これを木造の材料で考えてみよう！

重い荷物は軸力で持つ

イメージしやすいように、材料の長さは人間の身長程度とする。材料サイズ：120mm×120mm、材種：スギの無垢材（無等級材）、長さ：1,700mm（足の長さ、胴体の長さはそれぞれ1/2の850mm）とする。この条件で、曲げモーメントと軸力の計算をすると、曲げモーメントで持つ荷物の重さの限界は、275kgとなる。一方、軸力で持つ荷物の重さの限界は、20,500kg。その差はなんと74.5倍！　重量挙げのバーベルの挙げ方は、理にかなったやり方なのだ!!

＊曲げモーメントのモデル（左図、下図）は、イメージ用のモデルです

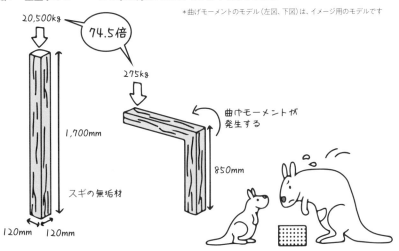

タンスの転倒防止器具の正しい設置場所

いきなりですが問題です。

Q：地震が来たときに、タンスが倒れない転倒防止器具の取り付け位置はどこでしょうか？

A：正解は、③です！

これも、構造力学の曲げモーメントで証明できます。まず、地震力でタンスの後ろ側から押されると、タンスの下にタンスを転倒させるような曲げモーメントが作用します。この曲げモーメントは「転倒モーメント」とよびます。この転倒モーメントに抵抗するのが「安定モーメント」です。転倒モーメントよりも安定モーメントが大きい場合、タンスは倒れません。

①タンス前側天井

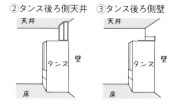
②タンス後ろ側天井　③タンス後ろ側壁

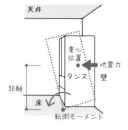

安定モーメントを最大にする

では、安定モーメントが最も大きくなる転倒防止器具の取り付け方を見てみよう！　曲げモーメントは、回転させる中心からの距離×直角に押す力である

①タンスの前側の天井に器具を取り付ける場合、転倒モーメントが作用するポイントからの距離が「ゼロ」。ということは、ここに転倒防止器具を取り付けても、転倒防止機能は作用しない……

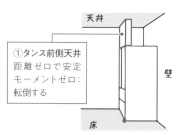

①タンス前側天井
距離ゼロで安定モーメントゼロ：転倒する

②タンスの後ろ側の天井に器具を取り付ける場合、転倒モーメントが作用するポイントからの距離は「タンスの奥行き長さ」。よって、転倒モーメント長さ×器具の抑える強さが、安定モーメントとして作用する

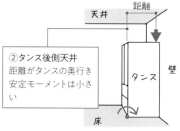

②タンス後側天井
距離がタンスの奥行き
安定モーメントは小さい

③タンスの後ろ側の壁に器具を取り付ける場合、転倒モーメントが作用するポイントからの距離は「タンスの高さ」。よって、タンスの高さ×器具の抑える強さが、安定モーメントとして作用する

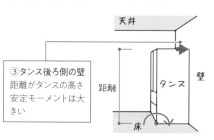

③タンス後ろ側の壁
距離がタンスの高さ
安定モーメントは大きい

壁に穴を開けて転倒防止器具を設置するのは難しいかも。突っ張り棒タイプならば、天井設置ができて簡単です。タンスや棚の手前側の天井に転倒防止器具を取り付けている場合は、奥に移動させてくださいね

地震でタンスが倒れにくい収納方法

地震で押されて転倒モーメントが作用する説明を26頁でしました。そこで、次に転倒モーメントを小さくしてものが転倒しにくくする方法を考えましょう。これも曲げモーメントの基本、回転させる中心からの距離×直角に押す力の理解があれば、わかります。

転倒モーメントは距離を小さくして減らす

タンスを押す地震力が一定の場合、転倒モーメントを減らす方法は回転する中心からの「距離を小さくする」こと。ここで言う距離とは、地震力が押す「高さ」のことである。地震力が押す高さは、タンスの重心位置で、重さの中心位置となる。ポイントは、重心位置を低くすること。つまり、重いものをタンスの下側に入れることで重心位置は下がり、地震力で押される位置は低くなり、結果的に転倒モーメントが小さくなるのである！

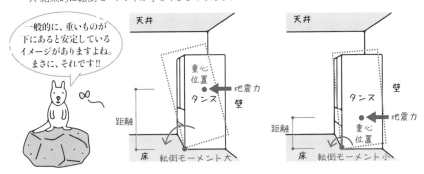

一般的に、重いものが下にあると安定しているイメージがありますよね。まさに、それです!!

「安定モーメント」を「転倒モーメント」より大きくする

では、この転倒モーメントに安定モーメントはどのように抵抗するのか考えよう。「タンスの転倒防止器具の正しい設置場所」[26頁]では、転倒防止器具で考えたが、本来はタンス自体の重さで安定モーメントが作用している。安定モーメントは、タンスの重さと距離により計算する

転倒モーメント＜安定モーメントでタンスは倒れない

・転倒モーメント　　　　・安定モーメント

位置はタンスの奥行方向の中心位置、距離は転倒モーメントが作用する点から重心までの距離である

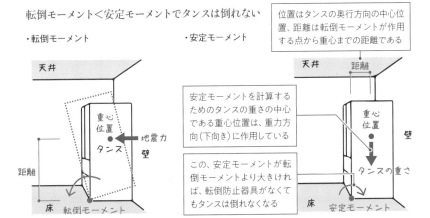

安定モーメントを計算するためのタンスの重さの中心である重心位置は、重力方向（下向き）に作用している

この、安定モーメントが転倒モーメントより大きければ、転倒防止器具がなくてもタンスは倒れなくなる

効率の良いドアストッパーの取り付け方

ドアを止めるドアストッパー、これも曲げモーメントで解決できます。自動的に閉まるドアの場合、三角形のゴムやプラスチック製のドアストッパーをドアの下側に差し込んで、ドアを止めたりします。床面とドアストッパーの摩擦力の強さもありますが、ここではドアストッパーの効率の良い取り付け位置を考えます。

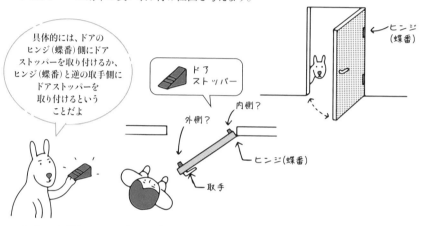

具体的には、ドアのヒンジ（蝶番）側にドアストッパーを取り付けるか、ヒンジ（蝶番）と逆の取手側にドアストッパーを取り付けるということだよ

ドアストッパー

外側？　内側？

ヒンジ（蝶番）

取手

ヒンジ（蝶番）

中心から離れるほど止める力は大になる

曲げモーメント（回転させる中心からの距離×直角に押す力）で考える。ここで言う、「回転させる中心」はドアのヒンジ（蝶番）部分、「距離」はヒンジ（蝶番）からの距離のこと。「直角に押す力」はドアストッパーが止める力である。ドアストッパーの止める力は、ドアストッパーと床面との摩擦力で、ここでは一定と考える

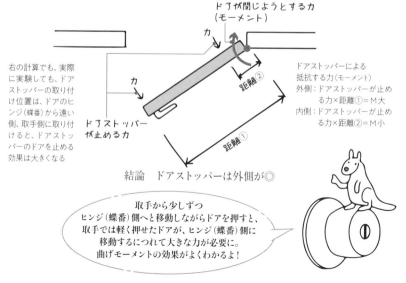

右の計算でも、実際に実験しても、ドアストッパーの取り付け位置は、ドアのヒンジ（蝶番）から遠い側、取手側に取り付けると、ドアストッパーのドアを止める効果は大きくなる

ドアが閉じようとする力
（モーメント）

力

力

距離②

ドアストッパーが止める力

距離①

ドアストッパーによる抵抗する力（モーメント）
外側：ドアストッパーが止める力×距離①＝M大
内側：ドアストッパーが止める力×距離②＝M小

結論　ドアストッパーは外側が◎

取手から少しずつヒンジ（蝶番）側へと移動しながらドアを押すと、取手では軽く押せたドアが、ヒンジ（蝶番）側に移動するにつれて大きな力が必要に。曲げモーメントの効果がよくわかるよ！

四角形は変形するが三角形は変形しない

図形の特徴を考えると、耐震性能が見えてきます。

4辺の長さが決まっていても変形する四角形

四角形は、4辺の長さが決まっても4つの角度は変わることができる。4辺の長さが同じで4つの角度が90度であれば「正方形」、4辺のうち2辺がそれぞれ同じ長さで、4つの角度が90度であれば「長方形」となる。この、正方形、長方形は4つの角度が変わると平行四辺形になる

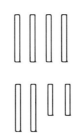

正方形　変形する

長方形　変形する

3辺の長さが決まると変形しない三角形

ところが、三角形はそうはいかない。3辺の長さが決まれば三角形になり、辺の長さによる正三角形や二等辺三角形などになる。しかし、**3辺の長さが決まると3つの角度は決まってしまい、四角形のように角度が変わることはないのだ**

単純なことのようだけど、この四角形と三角形の特徴が耐震性能につながっているよ

変形しない

木造住宅の場合、在来工法は柱と梁、梁どうしで囲まれた四角形の連続体である。柱と梁、梁と梁などの接合部は弱いため、地震力や風圧力のような水平荷重で変形する。そのため、変形させないように各所に三角形をつくり変形を抑える

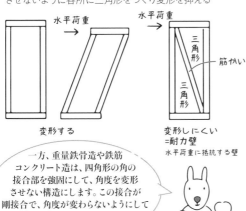

水平荷重

変形する

水平荷重

三角形

筋かい

三角形

変形しにくい
=耐力壁
水平荷重に抵抗する壁

一方、重量鉄骨造や鉄筋コンクリート造は、四角形の角の接合部を強固にして、角度を変形させない構造にします。この接合が剛接合で、角度が変わらないようにして水平荷重に耐える構造をラーメン構造とよびます

壁面となる柱と梁の四角形に「筋かい」を入れることで三角形が2つできる。この三角形が水平荷重に対して変形しないよう耐える、耐力壁である。

床面となる梁どうしの四角形には「火打ち梁」を入れて三角形を構成し、これで床面の変形を抑える。このように、三角形をうまく使うことで、耐震性能（耐風性能）を高めているのである

家庭菜園、屋上緑化は重さに注意

「土の重さはどのくらい」[18頁]で、土の重さは1㎡あたり1.5トンから1.8トンでした。車の重さと同じくらいです。これは厚さで言えば1mです。しかし、家庭菜園レベルで取り扱う土のボリュームはわずかです。ベランダや屋上で行う場合は、土の重さは気にしなくて良いのでしょうか。

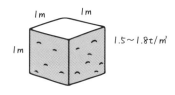

1m × 1m × 1m
1.5〜1.8t/㎡

ベランダに積載できる重さは土だけで厚さ12cm

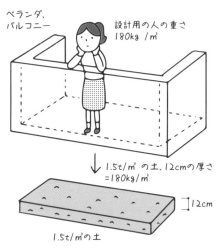

ベランダ、バルコニー
設計用の人の重さ 180kg/㎡

↓ 1.5t/㎡ の土、12cmの厚さ
=180kg/㎡

12cm
1.5t/㎡の土

建物の強度や安全性を確認する構造計算では、ベランダに載せることのできる重さを想定している。建物が住宅であれば、ベランダに載る重さは「人間の重さ」がメインのため、想定している重さはベランダ1㎡あたり180kgとなる。土の重さ（1.5トン/㎡）だけで考えても、積載可能な土の厚さは、たったの12cmである（人工軽量土壌を用いた場合22cm〜30cm程度）

土の重さに加え、植物の重量、水の重量、人の重量が加わるので、プランターは点在させたほうがいいよ

屋上緑化は建物計画時に入れておく

家庭菜園以上に気をつけてほしいのが屋上緑化。安易に屋上に土を敷き詰めるのは危険である。住宅の屋上も、想定している重さは人間の重さである。土の重さは想定していないので、普通の土で屋上緑化を考えるのであれば、建物の計画時に構造計算で土の重量を見込んでおく必要がある[※]

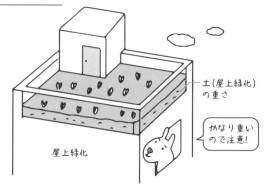

土（屋上緑化）の重さ

かなり重いので注意！

屋上緑化

※ 地震力設計用積載荷重60kg/㎡にて設計する場合もあります

バルコニーの子ども用プールは大丈夫？

バルコニーに子ども用プールで水遊び。広いバルコニーがあるとお手軽にできますね！
屋上があれば、とても気持ちよさそうです‼　しかし、水の重さは結構重いことを理解し
ておいてください。

バルコニー、ベランダに積載できる重さは水だけで厚さ18cm

水の重さは1㎡あたり1.0トンである。
住宅のバルコニーやベランダ、屋上に
載せることのできる重さは、人間の重
さを想定した180 kg／㎡［30頁］。180
kg／㎡の水は、厚さ18cmとなる

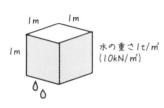

水の重さ1t／㎡
（10kN／㎡）

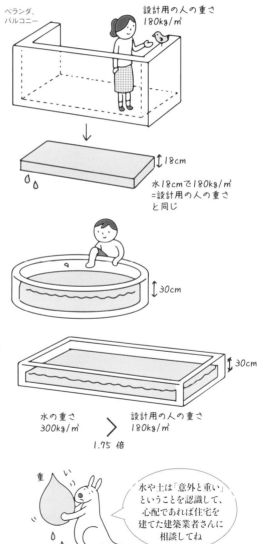

ベランダ、
バルコニー

設計用の人の重さ
180kg／㎡

↕18cm

水18cmで180kg／㎡
=設計用の人の重さ
と同じ

子ども用プールを調べてみると、深さ
30cmくらいである。30cmの水の重さ
は、水の重さ1,000kg／㎡×子ども用
プールの深さ0.3 m＝300kg／㎡とな
り、住宅で想定している180kg／㎡の
約1.7倍となる

30cm

しかし、バルコニーや屋上で子ども用
プール遊びが即危険ということはない。
なぜなら、重さの作用する時間が関係
しているからである

30cm

住宅で想定している人間の重さ180
kg／㎡は、専門的な用語では「長期荷
重」とよび、数十年間重さが作用する
ことを想定している。しかし、子ども用
プールの水の重さは、遊ぶときだけの
一時的な重さなので、想定している重
さよりも多少重くても、さほど心配は
ないのだ。とはいっても、バルコニー
の面積いっぱいにプールを置くのは、
かなり重くなるので危険である

水の重さ
300kg／㎡

＞

設計用の人の重さ
180kg／㎡

1.75 倍

重

水や土は「意外と重い」
ということを認識して、
心配であれば住宅を
建てた建築業者さんに
相談してね

memo

第 **3** 章

かたち

建物の骨組みには、さまざまな「かたち」があります。

この骨組みの「かたち」を紐解くと、その「かたち」になった意味が見えてきます。

「かたち」で変わる力の流れ、「かたち」で変わる建物の強さ（抵抗力）など、

建物の骨組みの「かたち」による特徴を見ていきましょう！

柱のかたちの基本形

建物を支える柱は、垂直に立っているので「垂直材」ともよびます。柱のかたちは、建物の構造によりさまざまです。

木造の基本は正方形

木造の場合、正方形の柱が基本。最近の木造住宅は10.5cm角、12.0cm角の正方形が一般的である。伝統的な木造建物はもっと大きな柱だが、やはりかたちは正方形である

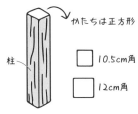

柱

かたちは正方形

10.5cm角

12cm角

ツーバイフォーの基本は長方形

ツーバイフォー工法の場合、壁工法なので「柱がない」のだが、構造上は「壁柱」として計算する。ツーバイフォー工法の柱のかたちは、細長い柱となる［160頁］

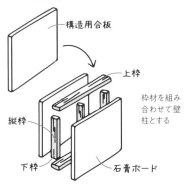

構造用合板

上枠

縦枠

下枠

石膏ボード

枠材を組み合わせて壁柱とする

鉄骨造の基本はH型と正方形

鉄骨造の柱のかたちは、H型と正方形、丸形がある。H型鋼の柱は、荷重により折れ曲がりやすい方向と折れ曲がりにくい方向があるため、配置する向きに注意が必要である。正方形と丸形の柱は、H型鋼と違い、折れ曲がりやすさの方向性はない

H形　　正方形　　丸形

鉄筋コンクリート造の基本は正方形（壁式コンクリート造は細長い長方形）

鉄筋コンクリート造の柱のかたちは、正方形が一般的。しかし、木造や鉄骨造に比べてかなり大きな断面になる。鉄筋コンクリート造の柱は、木造や鉄骨造の柱に比べて断面が大きいため、折れ曲がりにくいと言える。壁式コンクリート造の場合は、ツーバイフォー工法と同じように「壁柱」として考え、細長いかたちの柱となる

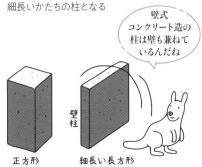

壁式コンクリート造の柱は壁も兼ねているんだね

壁柱

正方形　　細長い長方形

柱のかたちができるまで

木造、鉄骨造、鉄筋コンクリート造といった構造ごとに、柱の形状、つくり方はさまざまです。

木造の基本は丸太から柱の形状に切り出し

木造の柱は原木を切り、丸太から正方形や長方形、さまざまな柱のかたちに成形する。これを「製材」という。製材のしやすさから、柱または、壁柱など柱の下地になる材は、四角形が基本となる

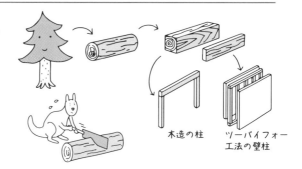

木造の柱　ツーバイフォー工法の壁柱

鉄骨造はロールによる圧延や溶接で成形

鉄骨造の柱は、圧延[※1]した鋼材でつくる。鋼材はとても重いため、柱はH型や中が空洞の丸形、正方形にする。H形鋼はローラーHとビルトHにつくり方が分かれる

H形鋼

ローラーH　　ビルトH　　H型

回転する複数のロールの間に金属を通してH形に加工。一般的な方法

板状の鋼材をH型に溶接。ローラーHにない特殊寸法の場合に用いる

円形鋼管 (コラム)

丸形

板状の鋼材を丸めて溶接

角形鋼管 (コラム)

・プレス成型(1シーム溶接)

正方形

ロール成形[※2]とプレス成形[※3]がある

鉄筋コンクリート造は型枠に流し込み

鉄筋コンクリート造の柱は、内部に鉄筋を組み、型枠でかたちを決めてコンクリートを流し込み、固める。現場施工が基本で、鉄筋、型枠が組めれば形状は自由自在。通常、板状の型枠を用いるため、四角形が一般的

柱

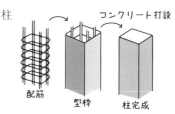

コンクリート打設

配筋　　型枠　　柱完成

組んだ鉄筋を型枠で囲い、コンクリートを流し込んで脱型

壁柱

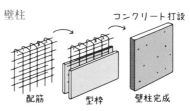

コンクリート打設

配筋　　型枠　　壁柱完成

組んだ鉄筋を型枠で囲い、コンクリートを流し込んで脱型

※1 回転しているロールの間に材料をはさみ、圧力で材料を薄く延ばす加工法｜※2 板状の鋼材を成形ロールで曲げ、円形断面に成形・溶接した後、角形断面に成形する加工法｜※3 鋼板をプレス成形し溶接する加工法

木造の柱

木造の建物の場合、柱はおもに**鉛直荷重**（下向きに作用する荷重のこと）[100頁]を支えています。つまり、鉛直荷重は柱の長さ方向に作用します。この、柱の長さ方向に作用する荷重のことを「**軸力**」とよびます。柱は軸力により「**圧縮力**」という応力が発生します（圧縮については58頁で解説）。

木造の柱は折れ曲がりやすい

圧縮力により、柱が押し潰されないかの検討を行うが、木造の場合、柱が細長いため、圧縮力で潰れる前に折れ曲がる。この折れ曲がる応力を「**座屈**」という。座屈に対する強さは、柱のかたち、長さ、強さ（材種）により設計する。座屈の設計で特に特徴的なのは、柱のかたちである

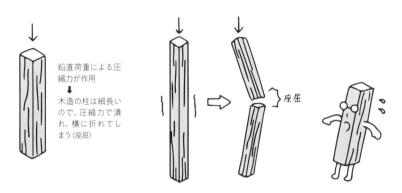

鉛直荷重による圧縮力が作用

木造の柱は細長いので、圧縮力で潰れ、横に折れてしまう（座屈）

座屈

木造の柱の折れ曲がり方向は厚さで決まる

木造の建物の場合、通常、柱のかたちは正方形である。たとえば、12cm角の正方形の柱に軸力が作用して座屈する場合、4面どの方向に座屈するだろうか？　これは、まったく予測できない。では、12cm×30cmの柱ではどうか？　この柱だと、12cmの薄い方向2方向のどちらかに座屈することはイメージできるはずである

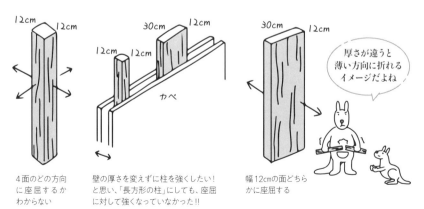

厚さが違うと薄い方向に折れるイメージだよね

4面のどの方向に座屈するかわからない

壁の厚さを変えずに柱を強くしたい！と思い、「長方形の柱」にしても、座屈に対して強くなっていなかった!!

幅12cmの面どちらかに座屈する

では、12cm角の柱と、12cm×30cmの柱、どちらが座屈に強いだろうか？
なんと、同じ強さなのだ‼
12cm×30cmの柱は、断面寸法が大きいので強そうに感じるが、座屈に関しては12cmの薄い方
向に折れ曲がるため、12cm角の柱とまったく同じ強さなのだ

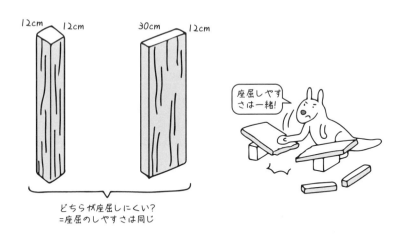

12cm 12cm　　　30cm 12cm

座屈しやすさは一緒！

どちらが座屈しにくい？
＝座屈のしやすさは同じ

座屈しないようにするためのポイントは3つ

したがって、座屈しないようにするには、柱の4面すべてを大きくする（柱を太くする）ことが有効
である［①］。それから、柱の長さは、上下の梁どうしの内法長さになる［②］。ここを短くするこ
とでも座屈しにくくなるし、強度の高い材種に変えることでも座屈はしにくくなる［③］

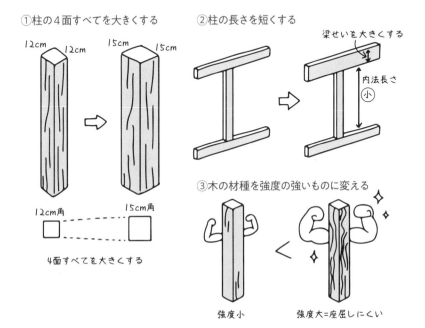

①柱の4面すべてを大きくする

12cm 12cm　　　15cm 15cm

12cm角　　　15cm角

4面すべてを大きくする

②柱の長さを短くする

梁せいを大きくする

内法長さ
小

③木の材種を強度の強いものに変える

強度小　　　　強度大＝座屈しにくい

鉄骨造の柱と鉄筋コンクリート造の柱

木造の場合と同様に、鉄骨造や鉄筋コンクリート造の柱を見てみましょう。

H形の鉄骨造柱は座屈しやすい方向がある

鉄骨造の柱にはH形と正方形、丸形がある。**鉄骨造の柱は、鉛直荷重と水平荷重**[101頁]を受ける(ここでは軽量鉄骨造など、両方向ピン構造は除く)。鉛直荷重は木造と同じく細長いので、**座屈**(折れ曲がり)の検討を行う

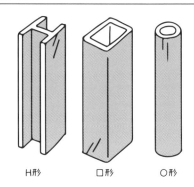

H形 　　　 □形 　　　 ○形

H形の場合は、座屈に対して強い方向と弱い方向がある。梁として使うH形の方向は座屈しにくいが、直交方向は座屈しやすい。正方形、丸形には、座屈しやすい方向はない

□形と○形の鉄骨柱の場合、内部が空洞なので、柱の幅に対して柱の材料が薄いと、局部的に座屈してしまう。そのため、柱の幅と材の厚さに関する規定もある

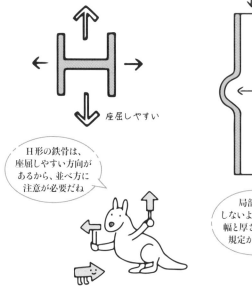

座屈しやすい

H形の鉄骨は、座屈しやすい方向があるから、並べ方に注意が必要だね

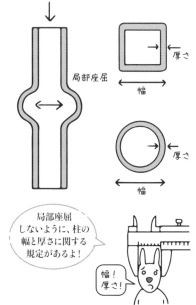

局部座屈

厚さ

幅

厚さ

幅

局部座屈しないように、柱の幅と厚さに関する規定があるよ!

幅!厚さ!

鉄筋コンクリート造の柱は座屈しにくい

鉄筋コンクリート造の柱は正方形の場合と、壁式構造の細長いかたちの壁柱がある。鉄筋コンクリート造の正方形の柱は、木造や鉄骨造に比べ、長さ(高さ)に対して断面寸法が大きいため、座屈しにくい構造である

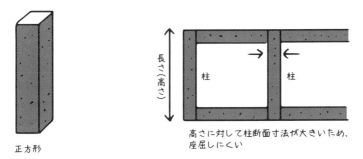

正方形

長さ(高さ)

柱　柱

高さに対して柱断面寸法が大きいため、座屈しにくい

鉄骨造と鉄筋コンクリート造の柱は水平荷重も負担

鉄骨造と鉄筋コンクリート造の場合、柱は水平荷重も負担する(木造の柱は基本的に鉛直荷重だけ)。鉛直荷重は、建物自身の重さ(自重、固定荷重)や、人や家具の重さ(積載荷重)など、常時作用している。それに比べて水平荷重は、地震力や台風など風圧力のことで、ときどき作用する荷重である

鉛直荷重

水平荷重

鉛直荷重

水平荷重

鉛直荷重が作用するときは、鉛直荷重だけ、水平荷重が作用するときは、鉛直荷重に加え水平荷重が作用する。水平荷重が作用した柱には、圧縮力と引張力が作用する

鉄筋が負担

コンクリートが負担

鉄筋コンクリートの柱は、水平荷重による圧縮力をコンクリートが負担し、引張力を鉄筋が負担する

引張力　圧縮力

引張力　圧縮力

ぐにゃり

鉄骨造

鉄筋コンクリート造

梁の強さとかたち（木造）

建物を支える梁、横向きに架かっているので「横架材」ともよびます。木造の建物の場合、梁はおもに鉛直荷重（下向きに作用する荷重のこと）を支えています。（鉛直荷重と水平荷重については100頁、101頁で解説）。

梁の強さは「曲げ」「せん断力」「たわみ」「めりこみ」でチェックする

柱と柱を支点にして、横向きに架かる梁で鉛直荷重を負担し、下向きに曲がる（荷重と応力については58頁で解説）。その際、梁には「①曲げモーメント」と「②せん断力」という応力が発生する（曲げ、せん断については58頁で解説）。そして、梁は下向きに変形する。この変形を「③たわみ」という。さらに、梁の上に柱が載っていると、柱の軸力により「④めり込み」という応力が発生する

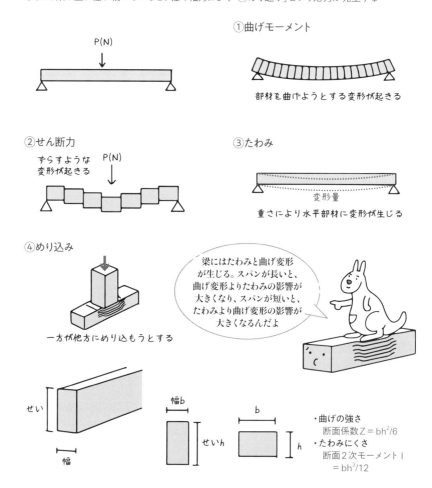

P(N)

①曲げモーメント

部材を曲げようとする変形が起きる

②せん断力

ずらすような変形が起きる　P(N)

③たわみ

変形量

重さにより水平部材に変形が生じる

④めり込み

一方が他方にめり込もうとする

梁にはたわみと曲げ変形が生じる。スパンが長いと、曲げ変形よりたわみの影響が大きくなり、スパンが短いと、たわみより曲げ変形の影響が大きくなるんだよ

せい

幅

幅b

せいh

b

h

・曲げの強さ
　断面係数 $Z = bh^2/6$
・たわみにくさ
　断面2次モーメント I
　　$= bh^3/12$

梁を縦使いにすると曲げモーメント、たわみに強い

梁の強さは、梁のかたちをどう使うかで変わる。具体的には、縦か横かの違いである。曲げモーメント、たわみは、梁のかたちを縦にするととても強くなるのだ。具体的に見てみよう

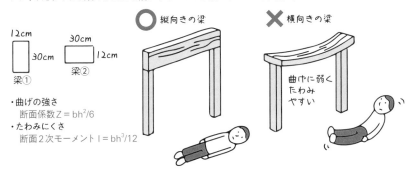

12cm
30cm
梁①

30cm
12cm
梁②

・曲げの強さ
断面係数 $Z = bh^2/6$
・たわみにくさ
断面2次モーメント $I = bh^3/12$

曲げの強さ：梁の断面から計算する「断面係数Z」が大きいと、梁は曲がりにくくなる

・曲げの強さ
断面係数 $Z = bh^2/6$
梁① $Z = 12 \times 30^2/6 = 1,800\,cm^3$
梁② $Z = 30 \times 12^2/6 = 720\,cm^3$

2.5倍

梁断面の
縦と横の違いだけで、
曲げの強さは2.5倍
違います！

たわみにくさ：梁の断面から計算する「断面二次モーメントI」が大きいと、梁はたわみにくくなる

・たわみにくさ
断面2次モーメント $I = bh^3/12$
梁① $I = 12 \times 30^3/12 = 27,000\,cm^4$
梁② $I = 30 \times 12^3/12 = 4,320\,cm^4$

6.25倍

梁断面の
縦と横の違いだけで、
6.25倍たわまなく
なるよ！

鉄骨造も鉄筋コンクリート造も、梁は縦長方向が強い!!

梁の断面積が同じならば、「せん断力」は縦でも横でも同じ

せん断力：梁の断面積で強さが決まる。よって、せん断力は縦でも横でも強さは一緒である！

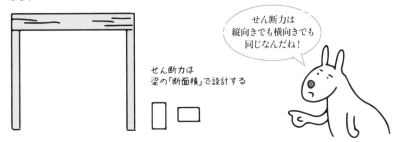

せん断力は
梁の「断面積」で設計する

せん断力は
縦向きでも横向きでも
同じなんだね！

最後はめり込み。めり込みは木造の梁だけの特徴と言える。めり込みに関しては、72頁で詳しく解説する

梁の強さとかたち（鉄骨造）

鉄骨の梁のかたちはH形をしています。使い方としては、H形を横向きにした状態で架かっています。木造や鉄筋コンクリートの梁は、四角形なのですが、鉄骨はH形をしています。なぜH形をしているのか??　それは重さの問題です。

四角形

なぜH形？

鉄骨は鉄筋コンクリートより3倍以上重い

建物の骨組みに利用する木、鉄骨、鉄筋コンクリートの重さを比較してみよう

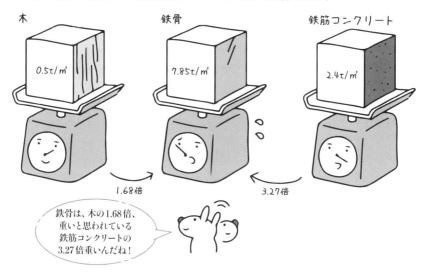

木

0.5t/㎥

鉄骨

7.85t/㎥

鉄筋コンクリート

2.4t/㎥

1.68倍

3.27倍

鉄骨は、木の1.68倍、重いと思われている鉄筋コンクリートの3.27倍重いんだね！

鉄骨はとても強度のあるものだが、これだけ重い鉄骨で四角形の梁をつくると、重すぎて運搬できない、持ち上げられない、などなど、建物の骨組みとしては使えない。そこで、鉄骨の強度を活かし、軽くすることを考えてH形になった

では、なぜH形（エ形）なのか？　軽量化するのであれば、さまざまなかたちがあるはずである。I形、□形、○形、T形、逆T形、通常のH形など…これは、梁の設計を紐解くと、なぜ、H形（エ形）になったのかがわかるのだ

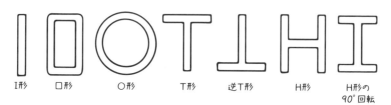

I形　　□形　　○形　　T形　　逆T形　　H形　　H形の90°回転

効率の良い断面形状は上下に大きい面があるもの

鉄骨造の梁は、鉛直荷重と水平荷重を負担する。その際、梁の上下の面に引張力と圧縮力が作用する。よって、梁の上下に大きい面があると有利になる

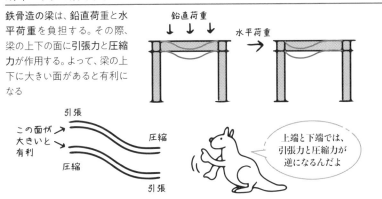

鉛直荷重

水平荷重

引張

この面が
大きいと
有利

圧縮

圧縮

引張

上端と下端では、
引張力と圧縮力が
逆になるんだよ

さまざまな断面形状で、引張力と圧縮力に抵抗する部分を見てみよう

I形、○形、T形、逆T形、通常のH形は梁断面としてはイマイチ

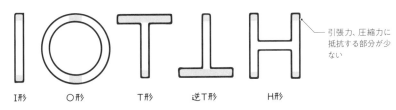

I形　　　　○形　　　　T形　　　逆T形　　　H形

引張力、圧縮力に
抵抗する部分が少
ない

残るは、□形とH形（エ形）

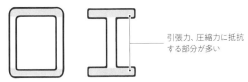

引張力、圧縮力に抵抗
する部分が多い

次は、本来の目的である軽量化である。軽量化の視点で見ると、H形（エ形）が軽量化していることがわかる。これらの理由から、鉄骨の梁はH形（エ形）が使われるようになっている

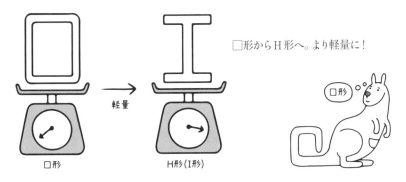

軽量

□形

H形（I形）

□形からH形へ。より軽量に！

□形

梁の強さとかたち（鉄筋コンクリート造）

鉄筋コンクリート造は、木や鉄骨と異なり、鉄筋とコンクリートの2種類の素材（材料）を組み合わせています。2つの素材のそれぞれの長所を活かし、短所を補っているのです。その梁のかたちは四角形です。床のコンクリート版（スラブ）を部分的に梁設計に加えたT形で設計する場合もあります。

床スラブ

四角形が基本　床スラブを加えたT形梁で設計することもある

長所で出し合い短所を補う良い関係

鉄筋コンクリートの梁は、鉄骨同様に鉛直荷重と水平荷重を負担する。その際、梁の上下には引張力と圧縮力が作用する

コンクリートは、とても硬い素材なので、圧縮力には強く抵抗する。しかし、引っ張られるとあまり力を発揮できない。コンクリートは、圧縮力に比べて引張力は1/10の強度しかないのだ

鉄筋は細長いため圧縮力には弱いが、引張力は抜群に強く、コンクリートに比べて約200倍の引張強度がある

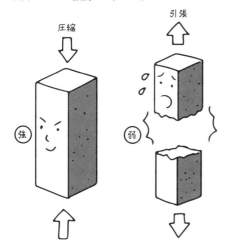

圧縮

引張

強

弱

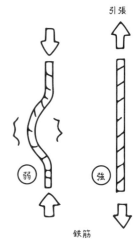

引張

引張

弱

強

鉄筋

コンクリートのアルカリ性で、鉄筋が錆びるのを防いでいるんだよ

そこで、梁に作用する引張力に抵抗する素材として、鉄筋を組み合わせた

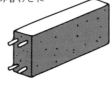

コンクリートと鉄筋の熱膨張係数はほぼ同じ

もうひとつ大切なことは、コンクリートと鉄筋の**熱膨張係数**(線膨張係数)が非常に近いということ。熱膨張とは、温度の上昇により物質の形状や面積、体積が膨張したり、密度が変化する性質である

熱膨張係数が
近いからこそ、コンク
リートと鉄筋は一体の
構造体として設計
できるんだね

コンクリートと鉄筋の伸び
縮みは同程度

曲げモーメント検討時の梁せいは、木梁、鉄骨梁と異なる

圧縮力をコンクリートが負担し、**引張力を鉄筋が負担する**性質上、梁の断面に対して、曲げモーメントに抵抗する梁せいは、梁の全高さではなく圧縮側のコンクリートの端部から引張鉄筋の重心位置までとなる。これが、木造の梁、鉄骨造の梁との大きな違いである

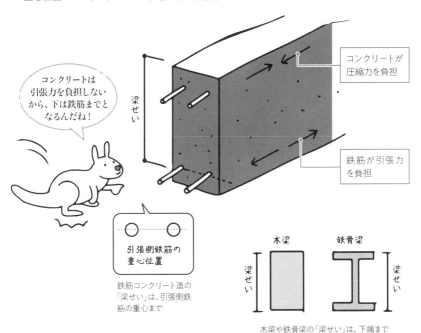

コンクリートは
引張力を負担しない
から、下は鉄筋までと
なるんだね!

コンクリートが
圧縮力を負担

鉄筋が引張力
を負担

引張側鉄筋の
重心位置

鉄筋コンクリート造の
「梁せい」は、引張側鉄
筋の重心まで

木梁や鉄骨梁の「梁せい」は、下端まで

建物のかたちと地震の関係

柱や梁などのかたちから、建物自体のかたちについて考えてみましょう。地震に強いかたち、弱いかたちについて考えてみます。建物のかたちは難しく考えず、単純に「このかたちは倒れにくい」、「このかたちは倒れやすい」この程度でも見えてきます。

耐震性能は縦方向、横方向に分けて設計する

構造計算で耐震性能を確認する場合、建物平面の横方向（X方向）、縦方向（Y方向）のそれぞれの方向の地震力が作用する想定で設計する

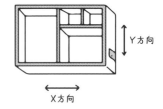

建物形状で考えると、細長い方向に倒れにくいことはイメージしやすいだろう。しかし本当の地震は、建物に対して斜め方向からも作用することがあるため、平面形状に大きな奥行き差をつくらない（極力、正方形）のが、地震に抵抗しやすいかたちとなる

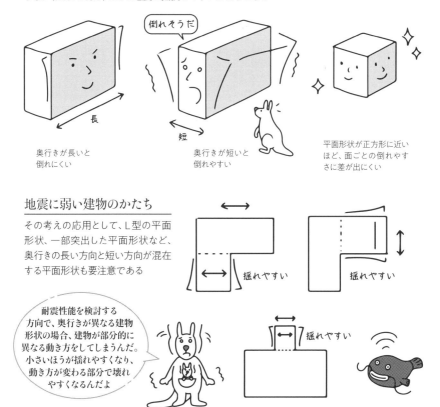

倒れそうだ

長

短

奥行きが長いと
倒れにくい

奥行きが短いと
倒れやすい

平面形状が正方形に近い
ほど、面ごとの倒れやす
さに差が出にくい

地震に弱い建物のかたち

その考えの応用として、L型の平面形状、一部突出した平面形状など、奥行きの長い方向と短い方向が混在する平面形状も要注意である

揺れやすい

揺れやすい

耐震性能を検討する
方向で、奥行きが異なる建物
形状の場合、建物が部分的に
異なる動き方をしてしまうんだ。
小さいほうが揺れやすくなり、
動き方が変わる部分で壊れ
やすくなるんだよ

揺れやすい

2階は1階よりも揺れやすい

もうひとつ、高さ方向のかたち、立面形状について。建物に作用する地震力は、建物全体の重さに対する各階の重さにおける地震力の算定となる

たとえば、体重15kgの子どもと、体重65kgの大人がいる場合、2人がそれぞれ立っているときに作用する地震力は、それぞれの体重に加速度をかけ算させた地震力となる
[126頁]

次に、大人が子どもを肩車する。そうすると、大人の体重は65kg＋15kg＝80kgとして地震力が作用する。そして大人が受けた地震力が、上に乗る子どもにも作用する。つまり、各自が立っているときよりも、2人に作用する地震力は増えるのだ

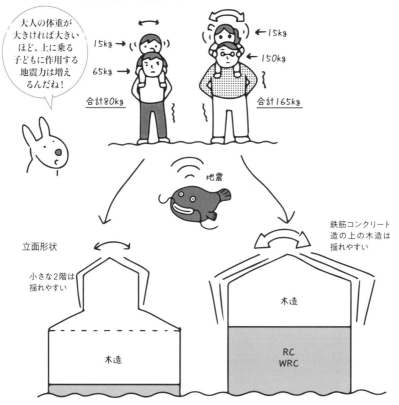

木造の建物でも、2階の面積が小さいと地震で揺れやすくなる。また、鉄筋コンクリート造や壁式鉄筋コンクリート造と木造の混構造の場合、1階の荷重が木造よりも大きくなるので、2階の木造は揺れやすくなる。そのため、この揺れやすさを考慮して、構造計算による構造計画を行う必要があるのだ

建物のかたちと風の関係

風に強いかたち、弱いかたちを
考えてみましょう。風も地震と同
じく「水平荷重」なので、平面形
状で奥行きに差があると、風に
対する強さに差が出ます。

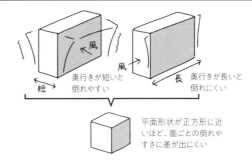

奥行きが短いと
倒れやすい

奥行きが長いと
倒れにくい

平面形状が正方形に近
いほど、面ごとの倒れや
すさに差が出にくい

耐風性能は縦方向、横方向に分けて設計する

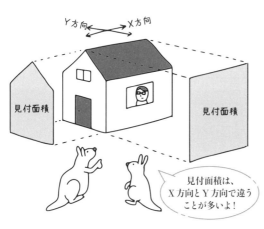

見付面積は、
X方向とY方向で違う
ことが多いよ！

風に対する強さは、建物の立面
形状によって大きく変わる。建
物の立面上の面積（見付面積）
で、風圧力は変わるのだ。この
見付面積は、わかりやすく言え
ば、風が当たる面積のこと。建
物の見付面積によって作用す
る風圧力が決まるため、構造計
算上の風圧力は、X方向、Y方
向で異なる風圧力として計算
する。一方、地震力は、建物の
重さに応じて作用する地震力
が決まるため、X方向、Y方向と
も同じ地震力が作用するものと
して計算する

風の強さは、建物が建つ場所でも変わる

一般的に、風の強さは、障害物の少ない海沿いが強く、建物など、風を遮る障害物が多い都市
部は、風の強さが弱くなる。しかし、都市部では、ビルの影響で「ビル風」とよばれる強風が吹く
ことがある。そのため、建物の耐風設計では、地表面の障害物による風の影響と、ビル風の強
風による影響を考慮した設計を行う

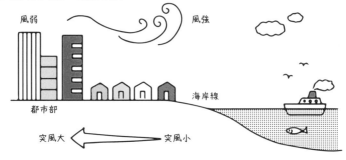

屋根形状や階高の違いで風圧力は変わる

建物のかたちと風の関係のほか、同じ間取りの住宅でも、屋根のかたちや各階の高さ(階高)で風圧力は変わる

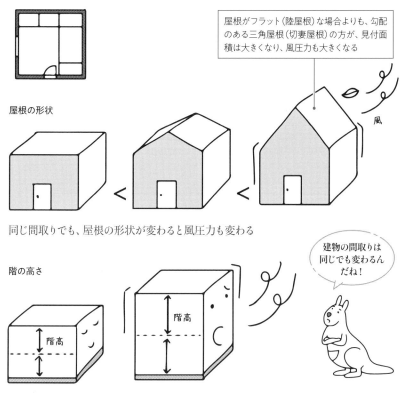

屋根がフラット(陸屋根)な場合よりも、勾配のある三角屋根(切妻屋根)の方が、見付面積は大きくなり、風圧力も大きくなる

風

屋根の形状

同じ間取りでも、屋根の形状が変わると風圧力も変わる

階の高さ

階高

階高

建物の間取りは同じでも変わるんだね!

階の高さが高いほうが、見付面積は大きくなり風圧力も大きくなる

建物から飛び出す部分は風に注意

そのほか、建物から飛び出ている部分も、風には要注意である。建物から飛び出たバルコニー、屋上に飛び出たペントハウス、屋根から飛び出た軒など。特に、軒先は下側から風が巻き込むように当たり、屋根を持ち上げようとするので、屋根が持ち上がらないように、金物などでしっかり留め付ける措置が必要となる

飛び出たバルコニー

屋上に飛び出たペントハウス

飛び出た軒

風

memo

第 **4** 章

つよさ

地震の強さ、風の強さ、水や土の強さなど、
外力として建物に作用する「つよさ」。木の強さ、鉄の強さ、
コンクリートの強さ、鉄筋の強さなど、
建物に必要となる外力に耐えるための「つよさ」。
それぞれの「つよさ」を超解説！

「質量」と「荷重（重さ、力）」の違い

似たような言葉で、「質量」と「重さ」があります。「質量」とは、そのもの自体が持つ量のこと。と言われてもピンときませんよね……。ではまず、重さとは何かを考えてみましょう。

重さは重力で変わる

重さとは、質量に重力加速度（重力）をかけた値である

たとえば、重さ（体重）100kgの人は、地球の重力加速度（重力）をかけたら100kgの重さ（体重）になる質量を持っていた人、ということになる。この人が、地球の1/6の重力である月で重さ（体重）を測ると、16.7kgになるのだ

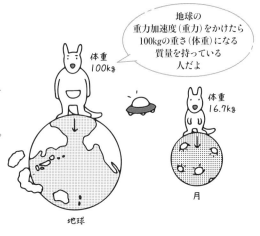

地球の重力加速度（重力）をかけたら100kgの重さ（体重）になる質量を持っている人だよ

体重100kg

体重16.7kg

月

地球

100kgの力で押されている

何となく、質量と重さの意味が理解できただろうか。

実は、重さ（体重）を100kgと表記したが、本来この表記は間違っている。重さ（体重）の単位はkgf（キログラム フォース）と表記する。fはforce（力）。なので、正確には質量が100kg、重さ（体重）は100kgfとなる。

たとえば、体重計で重さ（体重）を測るとき、体重計からみたら100kgの力で押されている状況となる。だから、100kgで押す力→100kgfとイメージするとわかりやすい

現在、kgfの単位は国際単位N（ニュートン）に統一された
今まで：質量100kg→地球での重さ（体重）
　　　　＝100kgf
現　在：質量100kg→地球での重さ（体重）
　　　　＝100kg×重力加速度9.8m/s^2＝
　　　　980N（0.98kN）

N（ニュートン）は馴染みのない単位なので、一般的に体重など重さを示すときはNではなくkgfのfも省略してkgやt（トン）になっているようである

Kg ⟶ N

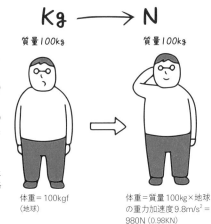

質量100kg

質量100kg

体重＝100kgf
（地球）

体重＝質量100kg×地球の重力加速度9.8m/s^2＝980N（0.98KN）

重さ、力は荷重

建築の構造計算では重さ、力のことを「荷重」という。重さ、力＝荷重である。建物の荷重は以下のとおり

建物の下地や仕上げの重さ、いわゆる自重のことを「**固定荷重**」、床の上による人や家具などの重さを「**積載荷重**」、屋根に積もる雪の重さを「**積雪荷重**」という。ここまでが**鉛直荷重**である。

次に、地震で押す力を「**地震力**」、風で押す力を「**風圧力**」という。これが**水平荷重**である

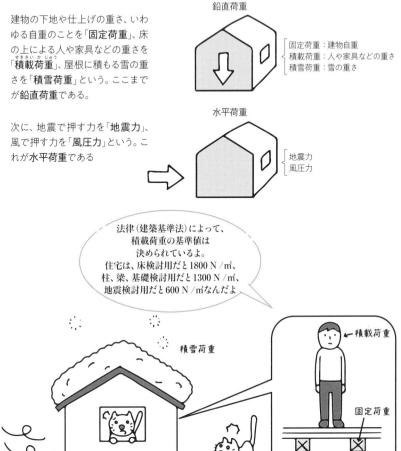

鉛直荷重

固定荷重：建物自重
積載荷重：人や家具などの重さ
積雪荷重：雪の重さ

水平荷重

地震力
風圧力

法律（建築基準法）によって、積載荷重の基準値は決められているよ。住宅は、床検討用だと1800 N／㎡、柱、梁、基礎検討用だと1300 N／㎡、地震検討用だと600 N／㎡なんだよ

積雪荷重

積載荷重

固定荷重

風圧力

地震力

この荷重、単位はNやkNである。単位に慣れてくると、質量と荷重を明確に分ける意味では、Nの単位は使いやすいと思う。ちなみに、Nがイメージできないときは1/10［※］をかけて、kgにすると良いだろう。たとえば、500Nの荷重→500N×1/10＝50kg　という感じである

※ 正確には9.8m/s²で割るが、概略の場合なので1/10としている

加速度とN（ニュートン）の関係

建物に作用する荷重の単位は、従来はkgf（キログラム フォース）やtf（トン フォース）で表示していましたが、現在はN（ニュートン）、kN（キロニュートン）の国際単位に統一されています。これを理解するには、速度をはじめとする用語の理解が必要です（理解できている方は、読み飛ばしてくださいネ）。

国際単位「N」の理解には「力」と「加速度」の理解が必要

↓

「加速度」を理解するには、「速度」の理解が必要
そして、「速度」を理解するには「距離」と「時間」の関係における理解が必要！

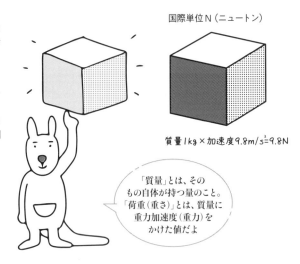

国際単位N（ニュートン）

質量1kg×加速度9.8m/s²=9.8N

「質量」とは、そのもの自体が持つ量のこと。「荷重（重さ）」とは、質量に重力加速度（重力）をかけた値だよ

超復習!! 速度、距離、時間の関係

まず「速度」を理解するために、「距離」と「時間」の関係を整理しよう！

例題：家を出て5km歩いたら1時間かかった

「速度」は、距離5km÷時間1h（1時間）＝速度5km/hとなる
＊h：hour（時間）、1hは1時間のこと

距離5km　　1時間

速度＝距離5km÷時間1h（1時間）＝5km/h
距離＝速度5km/h×時間1h（1時間）＝5km
時間＝距離5km÷速度5km/h＝1h（1時間）

速度と加速度の違い

次は加速度。加速度は、単位 m/s² から紐解くと、速度 m/s ÷ 時間 (秒) s となり、1秒間に上がる速度のことである。車の速度と加速度のイメージは以下のとおり

・速度：時速36km/hの車
→36,000m/3,600s (秒) = 10m/s

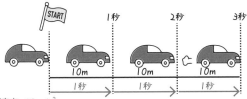

・加速度：10m/s²
→1秒あたり10mずつ加速する

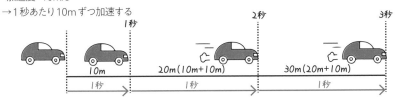

地球における加速度

地球の重力加速度は9.8m/s²。イメージは図のとおり

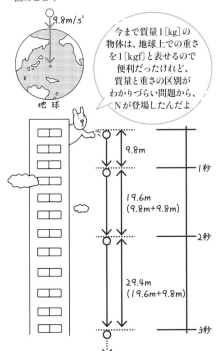

今まで質量1 [kg] の物体は、地球上での重さを1 [kgf] と表せるので便利だったけれど、質量と重さの区別がわかりづらい問題から、Nが登場したんだよ

国際単位「N」の定義

Nは、質量 (kg) × 加速度 (m/s²) の「力」のことです。1kgの物体で1m/s²の加速度の場合 (1N)、下向きに作用させると下図になります

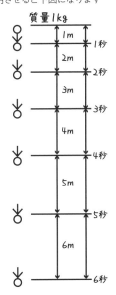

建物の強さは構造計算で確認

建物に作用する荷重や、これから解説する応力を理解するために、建物の構造計算という設計を紹介します。建物の安全性を確認する設計を「**構造計算**」とよびます。建物は建築して長い間、さまざまな荷重が作用します。この荷重に対して安全かつ快適である必要があります。

構造計算で用いる建物に作用する荷重の種類

鉛直荷重　固定荷重、積載荷重、積雪荷重の合計

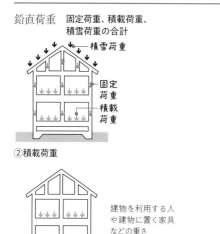

①固定荷重

建物を構成する柱、梁などの部材や下地、仕上げの重さのこと、自重

②積載荷重

建物を利用する人や建物に置く家具などの重さ

③積雪荷重

屋根に積もる雪の重さ

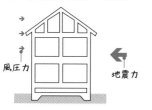

水平荷重　地震力と風圧力

風圧力　地震力

建物に影響を与える「荷重」には、積雪、風、地震もあるんだよ

①地震力

地震で建物を押す力

②風圧力

台風や強風など風で建物を押す力

強さを経験値だけで確認できないわけ

建物の構造安全性は、構造計算で確認しますが、木造住宅では、構造計算を行わずに建てられている場合が多くあります。「**建築基準法**」[※]では、木造2階建て、平屋建ての一般的な住宅には構造計算することを義務化していません。しかし建物全体の安全性を確認するには、構造計算を行う必要があるのです……。

経験と勘で導けないもの

建築基準法では簡易的な構造検討として、壁量計算などが求められている。しかし、この簡易な壁量計算などでは建物全体の安全性は確認できていない。構造計算を行わない木造住宅、設計者や施工者は、何を根拠に「安全」を考えているのか？ここで出てくるのが「経験と勘」である

たくさんの家をつくった経験たっぷり
大工さん

たくさんの家を設計した経験たっぷり
建築士さん

「経験と勘」というと、構造計算では導けないレベルの安全性を想像するかも。確かに、経験に裏付けられた安全性もあるけれど、それだけで安全性すべてを確認することはできないんだよ

構造計算項目である鉛直荷重は常時作用する荷重なので、木造住宅をつくる大工さんの経験に基づく「勘」は、かなり優れている。2階床梁の大きさを、構造計算レベルで決めることができる。場合によっては、構造計算以上の安全性も導き出せる、素晴らしい感覚である

水平荷重 →

鉛直荷重

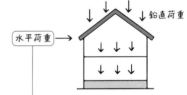

水平荷重 →

鉛直荷重

地震力、風圧力に対する安全性は、常時経験できる荷重ではないため、水平荷重に対する安全性は、何十棟もの木造住宅をつくってきた大工さんでも経験値はなく、「勘」は働かない

耐力壁　壁の配置バランス
接合部の金物

構造計算

耐震では、筋かいや面材を張った耐力壁の量、バランス、接合部の金物選択など、構造計算で決めることが多い

経験で培われるのは、あくまでも鉛直荷重。水平荷重に対する経験は培われないので、構造計算を行う必要があるんだ

※ 建物に関する法律

荷重と応力（引張、圧縮、曲げ、せん断）

荷重の次は「応力」です。建築の構造計算では建物に作用する荷重の解説をしました。この荷重とは、建物に外部から作用する「外力」のことです。固定荷重はその部材自身の自重を含むため、外力のイメージがつきにくいとは思いますが、荷重は外力と考えてください。

外力である荷重により、梁などの部材内部に作用する力(内力)を「応力」という

荷重（外力）

荷重（外力）

応力（内力）

曲げ

せん断力

応力の種類と作用する場所の例

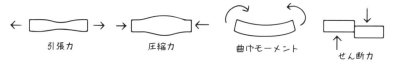

引張力　　　　　　圧縮力　　　　　　曲げモーメント　　　　せん断力

引張力と圧縮力は、部材の軸方向(長さ方向)に作用する応力のこと

曲げモーメントは、部材を曲げようとする応力で、せん断力は、部材を上下にずらして破壊しようとする応力のこと

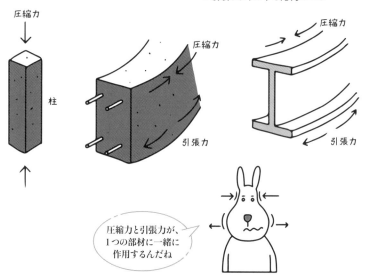

圧縮力

柱

圧縮力

引張力

圧縮力

引張力

圧縮力と引張力が、1つの部材に一緒に作用するんだね

応力の種類が変わってしまう!?

応力は、部材により、違う応力に変わることもある。たとえば、木造や鉄骨造の柱は、鉛直荷重により圧縮力が作用している。しかし、柱は階高に対して細長いため、**圧縮力で押し潰されるより先に**、折れ曲がってしまう。この**折れ曲がる応力を「座屈」**という

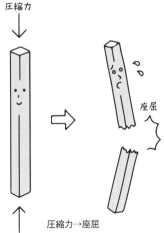

圧縮力

圧縮力→座屈

もうひとつ、木造の梁や土台は、上に柱を載せている場合、柱の受ける荷重(軸力)により圧縮力を受ける。この**圧縮力により、梁や土台表面は「めり込み」**という応力が作用する。めり込みは文字通り、梁や土台表面が潰れてめり込んでしまう応力のことである

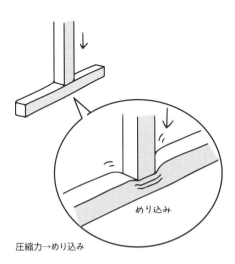

圧縮力→めり込み

構造計算では、これら応力に対して、部材自身が持っている力(許容応力度)により抵抗できるかを確認する

地震の強さはどういうもの？

地震の強さとは何かを紐解いてみましょう！！地震は地盤がグラグラ揺れるので、その地盤に建つ人や建物には「加速度」として作用します。

地震力＝建物重量×加速度　となります。

地震力をイメージする

そこで、地震力をよりイメージしやすいように、木造住宅の1階で考えてみよう！地震力は下記の算定式で求める

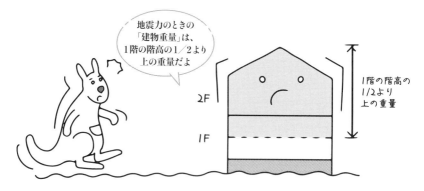

地震力のときの「建物重量」は、1階の階高の1／2より上の重量だよ

2F　1F

1階の階高の1/2より上の重量

木造住宅1階の地震力＝建物重量×Ci（地震せん断力係数：加速度）

「Ci（地震せん断力係数）」は、Ci＝Z・Ai・Rt・Coで求められる

Ci＝Z・Ai・Rt・Co
Z：地震地域係数　　　　　　→　0.7、0.8、0.9、1.0がある（昭55年建設省告示第1793号）
Ai：層せん断力分布係数　　　→　木造住宅の1階は1.0
Rt：振動特性係数　　　　　　→　木造住宅の1階は1.0
Co：標準層せん断力係数　　　→　木造住宅の耐震等級1では0.2

地震地域係数Zを1.0とし、Ai、Rtは木造住宅1階の1.0、Coは木造住宅の耐震等級1の場合で0.2[※]となる（耐震等級2はCo＝0.25, 耐震等級3はCo＝0.3で計算）

Ci＝1.0×1.0×1.0×0.2＝0.2。つまり、**地震力＝建物重量×0.2となる**

簡単に言うと、建物重量×0.2が地震力ということだよ（1階の階高の1／2は除く）

建物重量×0.2

※ 通常、地震力を導き出すときに用いられる「加速度0.2」はこの条件のもの

人間で地震力をイメージしてみる

人間に作用する地震力でイメージすると、建物重量＝体重とした場合、体重の0.2倍の地震力が横向きに押す力となる

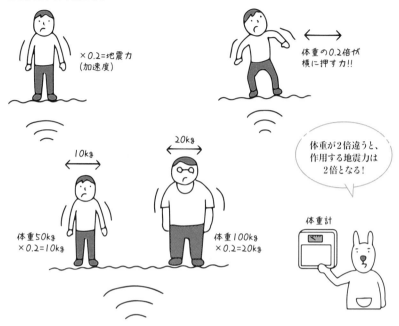

建物で考えると、重量が大きい建物は作用する地震力も大きくなる。確かに重い建物の方が、作用する地震力は大きくなるが、それは地震に弱いということではない。地震に対する強さ（耐震性能）は、作用する地震力に応じて設計すれば良いだけなのである

体重が重い → 地震力大 ≠ 耐震性能低い

風の強さはどういうもの？

風の強さはどのように作用するのかを、建築の構造から考えてみましょう。

風の強さを決めるもの

風の強さを決めるのは、

- 建設地域の**基準風速**（府県単位、市町村単位）
- 建物が建つ敷地の環境により決まる**地表面粗度区分**（風が直接当たりそうな海岸沿いなのか、風が当たらなさそうな住宅地なのか、ビルなどが多い都市部なのか）
- ビルが多い環境はビル風とよばれる突風が吹く可能性があるので、その影響（**ガスト影響係数**）
- 建物の形状による風の当たり方（**風力係数**）
- 建物の高さ

などである（平12年建設相告示第1454号）

風の強さを決める要素（まとめ）
- 基準風速　風速30m/s～46m/s
- 地表面粗度区分Ⅰ～Ⅳ
- ガスト影響係数
- 風力係数

基準風速

基準風速は、**風速30m/sから最大46m/s**まであり、沖縄県や鹿児島県、離島など、台風の影響が大きい地域は、基準風速が大きめに規定されている

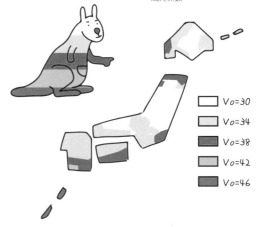

- □ Vo=30
- ▨ Vo=34
- ▥ Vo=38
- ▧ Vo=42
- ▦ Vo=46

地表面粗度区分

建設地域の基準風速をより絞り込んだものが地表面粗度区分で、海岸沿い、海岸に近い場所、一般的な住宅地、都市部など4つ（ⅠからⅣ）に分類されている

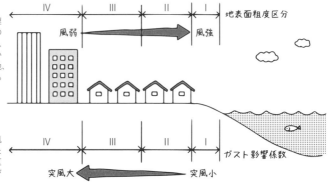

Ⅳ　Ⅲ　Ⅱ　Ⅰ　地表面粗度区分

風弱　　→　　風強

ガスト影響係数

ガスト影響係数は突風などの影響を考慮したもので、地表面粗度区分によるⅣの都市部が大きくなる

Ⅳ　Ⅲ　Ⅱ　Ⅰ　ガスト影響係数

突風大　←　　突風小

風力係数

風力係数は建物の形状や屋根の形状などにより詳細に決められている。風上側は建物を「押す力」、風下側は建物を「引張る力」が作用する。建物の高さも風の強さに大きく影響する。高さが高くなれば風の強さも大きくなるのだ！

風上側は「押す力」　　　風下側は「引っ張る力」

建物の形状や屋根の形状などにより、風の強さが決まる

「重さ」で風に抵抗する

鉄筋コンクリート造のように「重い」建物は、風の影響を受けても自重で抵抗できたりする。鉄骨造や木造などの「軽い」建物は、風の影響を受けるため、骨組み（ラーメンフレーム）や耐力壁（水平荷重に抵抗する筋かいや面材などを張った壁）で抵抗する。重い建物でも、高さが高くなると風の強さも大きくなるので、耐風設計が重要となる

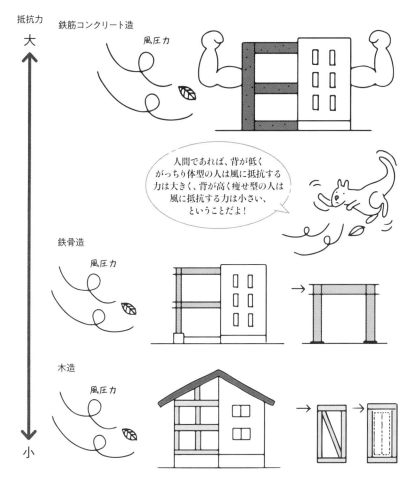

人間であれば、背が低くがっちり体型の人は風に抵抗する力は大きく、背が高く痩せ型の人は風に抵抗する力は小さい、ということだよ！

水の強さはどういうもの？

水の強さとは何か？いわゆる水圧のことです。水圧とは水の圧力のこと。水で押させる力のことです。ここでは津波に代表される動水圧を中心に解説します。

静水圧と動水圧

静水圧
文字のとおり動かない水の圧力のことで、イメージできることは、深い海は水圧が高いということ。深い海で圧が高いのは、水が重いからである

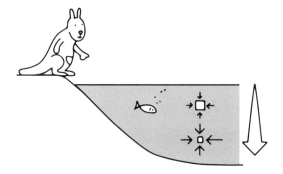

静水圧（動かない水の圧力）

深くなるほど水の重さが増す
水圧も大きくなる！

動水圧
動水圧とは、文字通り動いている水の圧力のことで、建築に関する動水圧には地震時の津波がある（津波の強さは平23年国交省告示第1318号に規定がある）

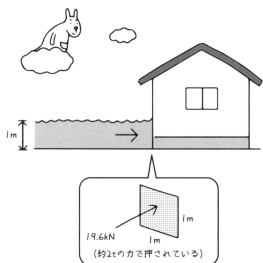

• 津波の波圧（qz）算定式
$$qz = \rho g(ah-z)$$

ρ：水の単位体積重量（kN/m³）
g：重力加速度（9.8m/s²）
a：水深係数（3）
h：津波浸水想定に定める水深（m）
　（ハザードマップ確認）
z：建物等の各部の高さ（m）

たとえば、津波浸水想定1mというかなり小さく感じられる津波想定を計算すると、津波の強さは19.6kN/㎡となる。わかりやすく言えば、**1mの高さの津波は、建物の壁1㎡あたり約2tの力で押す**イメージである。
津波の力が巨大であることがイメージできるだろう

津波の速度

次に、津波の速度を見てみよう。津波は、水深が深い部分で速度が早くなる

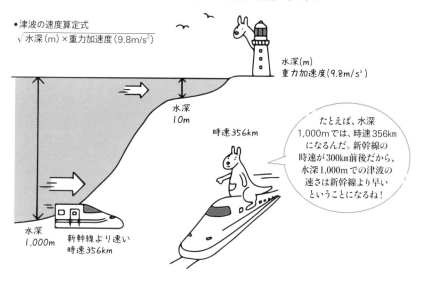

- 津波の速度算定式
$$\sqrt{水深(m) \times 重力加速度(9.8m/s^2)}$$

水深(m)
重力加速度(9.8m/s²)

水深
10m

時速356km

たとえば、水深1,000mでは、時速356kmになるんだ。新幹線の時速が300km前後だから、水深1,000mでの津波の速さは新幹線より早いということになるね!

水深
1,000m　新幹線より速い
時速356km

津波の高さ

さらに、津波の高さを見てみよう。水深が深い部分から浅い部分に移動するとき、速度が遅くなる分、津波のエネルギーは高さ方向に向かう

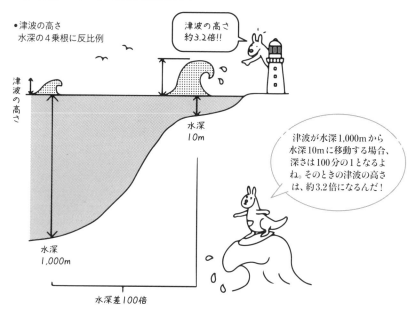

- 津波の高さ
  水深の4乗根に反比例

津波の高さ
約3.2倍!!

津波の高さ

水深
10m

津波が水深1,000mから水深10mに移動する場合、深さは100分の1となるよね。そのときの津波の高さは、約3.2倍になるんだ!

水深
1,000m

水深差100倍

土の強さはどういうもの？

土の強さとは何か？いわゆる土圧のことです。土圧とは土の圧力のこと。土で押される力のことです。

土圧が影響する場所

土圧が影響するのは、擁壁、深基礎、地下室などである

擁壁

擁壁は、敷地に高低差があるときに設置する鉄筋コンクリートなどの壁のことで、土圧に耐えるように設計しないと、土が崩れてくることがある。かなりシビアな設計が必要となる

深基礎

擁壁同様に敷地に高低差がある場合、その高低差を利用した建物を設計することで基礎に段差ができ、基礎に土圧が作用する

地下室

壁面に土圧が作用する。しかし、擁壁や深基礎と異なり、片側土圧ではない場合が多い。その場合、土圧による滑りや転倒などの設計は不要である

土圧の種類

次に、土圧について。土圧には、主働土圧、静止土圧、受働土圧がある

静止土圧

壁体が移動のないときに、土が壁体に及ぼす圧力のことである

主働土圧

壁体が背面の土から土圧を受けて、その土から離れるように動くときに、土が壁体に及ぼす圧力のことである

荷重が地盤に広がっていく角度は切土だと45度、盛土だと30度。だから斜線より擁壁寄りに建物がある場合の土圧は建物分も含まれるんだよ

受働土圧

地震など、外部から壁体に力が加わって壁体が土に向かって動くとき、その反力として壁体に加わる圧力のことである

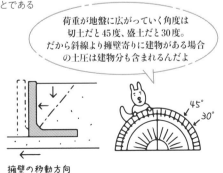

擁壁の移動方向

地震力により擁壁が移動して土を押す

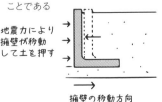

擁壁の移動方向

土圧による災害

土の強さでもうひとつあるのが土砂災害。
土石流、**地すべり**、**がけ崩れ**などがある

土石流

大雨などが原因で山や谷の土、石、砂など
が崩れ、水と混ざってどろどろになり、一気
に流れ出てくる現象である。破壊力が大き
く、速度も速いので、大きな被害をもたらす

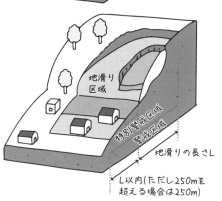

地滑り

地滑りは、比較的ゆるい傾きの斜面が、雨
や雪解け水がしみこんだ地下水によって、
広い範囲にわたって滑り落ちていく現象。
家や畑なども一緒に、地面が大きなかたま
りのまま動く。地滑りが動く速さは、何十年
にもわたって少しずつ動く地滑りもあれば、
地震などがきっかけで突然起きる地滑りも
ある

がけ崩れ

がけ崩れは、急な斜面が突然崩れ落ちる現
象。雨水ががけにたくさんしみ込んだこと
が原因で起きたり、地震の振れによって起
きたりする。一気に大量の土砂が崩れ落ち
てくるため、がけの下にいる人は逃げ遅れ
ることが多い

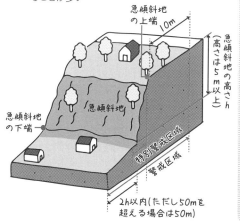

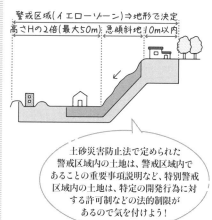

構造の種類と建物用途の関係

木造、鉄骨造、鉄筋コンクリート造それぞれに向いている
規模や空間を、考えてみます。街を歩いていると建築工
事現場を目にすることがあると思います。その時に「どん
な建物?」「構造は何?」という視点で見てください。

構造別に見る用途と建物の特徴

木造
住宅の建物では、木造
が多い。住宅は平屋と
2階建て、部屋の空間
は短辺4m以下が多く、
この規模だと木造が
向いている

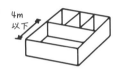

低層・小空間→木造向き

鉄骨造
建物が低層で広い空間の場合、鉄骨造が多い。たとえば、ショッピングセンターなどの店舗、工
場など。大空間は鉄骨の梁、鉄骨のトラスが向いている

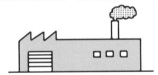

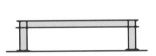

低層・大空間→鉄骨造向き

鉄筋コンクリート造
建物が高層の場合、構造には鉄骨造、鉄筋コンクリート造、あるいは、鉄骨鉄筋
コンクリート造がある(この本では鉄骨鉄筋コンクリート造の解説は省略)。建物の
用途から構造を見てみると、オフィスビルは鉄骨造、マンションは鉄筋コンクリー
ト造が多い。高層の建物は、建物に耐火性能が求められる。耐火の場合、鉄
筋コンクリート造が向いている[※]。しかし、大きな空間に鉄筋コンクリート造は
向いていないため、鉄骨造にして耐火性能のある材で被覆して用いられている

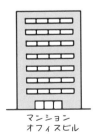

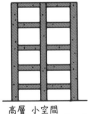

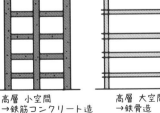

マンション
オフィスビル

高層 小空間
→鉄筋コンクリート造
マンション

高層 大空間
→鉄骨造
オフィスビル

ここで例として
挙げた建物は、ほかの
構造でもつくれるよ。
住宅を鉄骨造や鉄筋
コンクリート造でつくる
メーカーもあるし、
大空間や構造の
建物を木造でつくる
こともできるよ

※ ここでの「向いている」とは、適材適所のようなことで、建築費用を考えてもメリットがあるという意味である

木、鉄、コンクリートの強さ比較

建築の構造材として使われる「木」、「鉄」、「コンクリート」の強さについて考えてみましょう! 強さは、建物の骨組みとして使う際の「形状」と「重さ」を組み合わせて考える必要があります。木、鉄、コンクリートのどれが強い?と言われても、一概に○○が強いとは言えません。そこで、強さを細分化して考えてみたいと思います。

強さを競う競技のうち、相撲、柔道、レスリングのどれが一番強い?というのと同じだね!

応力に抵抗する許容応力度

建物の骨組みで考えるとき、木、鉄、コンクリートには強さが決められている。「荷重と応力(引張、圧縮、曲げ、せん断)」[58頁]で解説したように、荷重(外力)により**部材内部に作用する応力(内力)**として、**引張力、圧縮力、曲げモーメント、せん断力**がある

応力の種類：応力は部材内部に作用する力

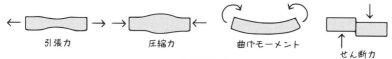

引張力　　　　圧縮力　　　　曲げモーメント　　　せん断力

この、応力に抵抗する部材自身の持つ力を**許容応力度**という

許容応力度：応力に抵抗する、部材自体が持っている力(安全率をかけたもの)

	長期許容応力度(N/mm²)			
	圧縮	引張	曲げ	せん断
木(スギ 無垢材 無等級)	6.5	5.0	8.1	0.7
鉄骨(SS400 一般構造用圧延鋼材)	156.7	156.7	156.7	90.5
コンクリート(Fc21 設計基準強度)	7.0	0.7		0.7

木の許容応力度
木材は、圧縮、引張、曲げのそれぞれの許容応力度が近い数値になっている。強さに対する方向性がほとんどないことがわかる

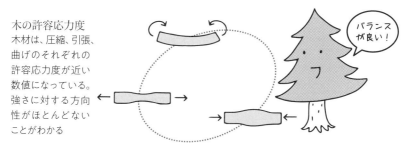

バランスが良い!

鉄の許容応力度
鉄は、圧縮、引張、曲げの許容応力度が同じ数値で、強さに対する方向性がない。また、木より桁違いに強い

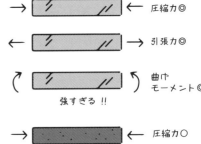

← 圧縮力◎

← 引張力◎

曲げ
モーメント◎

強すぎる!!

コンクリートの許容応力度
コンクリートは、圧縮力が強い。しかし、その圧縮力は木と同じ程度である

← 圧縮力○

→ 引張力×

建築材料としての木、鉄、コンクリート

許容応力度だけ見ると、鉄がずば抜けて強いことになる。しかし、この許容応力度は1mm²あたりの強さしか示していない。実際の建築材料として詳しく見てみると、別の特徴が見えてくるのだ

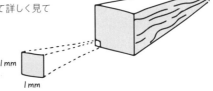

許容応力度

1mm

1mm

木の特徴
強さのバランスが良く、以下の特徴がある
・材種により、強さに多少ばらつきがある
・自然素材なので、同じ材種でも強さに差がある
・自然素材なので、断面寸法や長さにも限界がある
・自然素材だけの組み合わせで、強い接合部はつくりにくい

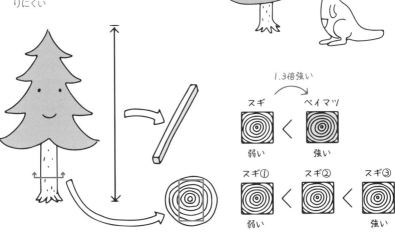

1.3倍強い

スギ   ベイマツ
弱い < 強い

スギ①   スギ②   スギ③
弱い <   <   強い

長さ、断面に限界がある　　　　同じスギでも強さに差がある

鉄の特徴

桁違いの強さを持つ。以下の特徴がある

- 強いけれど重量が大きいため、大きな断面にできない
- 工業製品なので、さらに強くできる
- 工業製品なので、断面寸法、長さも自由にできる
- 工業製品なので、接合部を強くできる

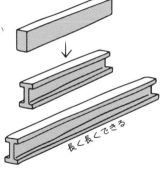

長く長くできる

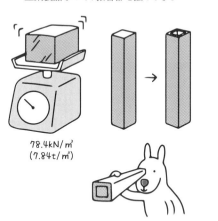

78.4kN/m³
(7.84t/m³)

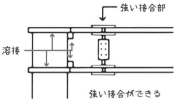

強い接合部

溶接

強い接合ができる

コンクリートの特徴

圧縮力が木と同じくらい、引張力はとても弱い。以下の特徴がある

- 現場成形が基本なので、大きな断面も自由自在
- 設計基準強度を上げれば、強くなる
- 引張力の弱い部分は、引張に強い鉄筋と組み合わせることで、短所を克服
- 現場成型なので、接合部を強くできる

設計基準強度：
Fc18→21→24→27→30→33……

断面を大きくできる

強度をどんどん上げられる

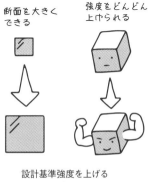

設計基準強度を上げる
＋
断面を大きくする
↓
強くできる

弱い部分は鉄筋との組み合わせでリカバリー！

圧縮　　引張　　　　　圧縮　　引張

コンクリート　　　　　鉄筋

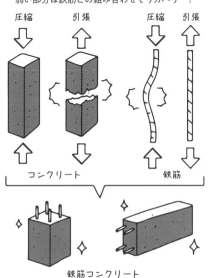

鉄筋コンクリート

めり込みの力

木には、鉄、コンクリートにはない性質があります。それは「めり込み」です。めり込みは、押されて潰れることです。鉄、コンクリートは潰れる＝破壊することなのですが、木は破壊せずに、めり込みます。

メリ
メリ

めり込みと圧縮力

では、どのような状況でめり込むのかを考えてみよう。

めり込みが発生するのは、土台の上に柱が載っている部分などである。建物の重さが柱から流れてきて、その重さを土台が受け止めるときに、めり込む。柱に流れる建物の重さは「軸力」とよばれる荷重である

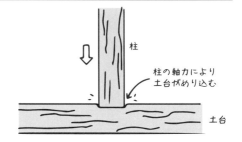

柱

柱の軸力により
土台がめり込む

土台

めり込みは、重さの章［10頁］で解説した接地圧に似ていて、重さと柱の断面に影響する。建物と地盤の関係では、建物重量÷基礎の底版面積を「接地圧」とよんでいたが、**建物の重さが柱に伝わり（軸力）、柱の断面で割り算した強さは、「圧縮力」という**

圧縮力のイメージは以下のとおり

柱断面が同じ場合、
軸力が小さい→圧縮力は小さい
軸力が大きい→圧縮力は大きい

軸力が同じ場合、
柱断面が小さい→圧縮力は大きい
柱断面が大きい→圧縮力は小さい

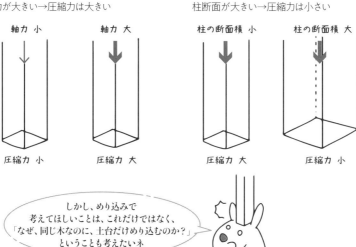

軸力 小　　　　軸力 大　　　　柱の断面積 小　　　　柱の断面積 大

圧縮力 小　　　圧縮力 大　　　圧縮力 大　　　圧縮力 小

しかし、めり込みで
考えてほしいことは、これだけではなく、
「なぜ、同じ木なのに、土台だけめり込むのか？」
ということも考えたいネ

なぜ土台だけめり込むのか？

柱の材種が強いから？と思われがちだが、それだけではない。同じ材種どうしでも、土台だけにめり込むのだ。これは、自然素材である「木」を知ることで理解できる

一般的に建築の構造材で使われる木は、針葉樹が多く、**針葉樹はジュースを飲むときに使うストローを束ねたような細胞組織**になっている。このストローは、目には見えないほど細いストローである

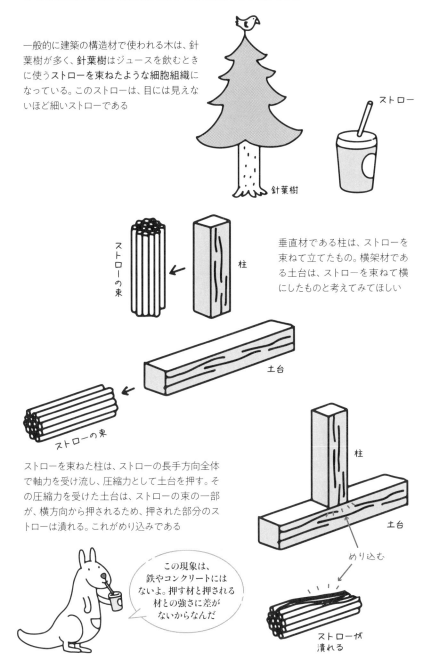

ストロー

針葉樹

ストローの束

柱

垂直材である柱は、ストローを束ねて立てたもの。横架材である土台は、ストローを束ねて横にしたものと考えてみてほしい

土台

ストローの束

ストローを束ねた柱は、ストローの長手方向全体で軸力を受け流し、圧縮力として土台を押す。その圧縮力を受けた土台は、ストローの束の一部が、横方向から押されるため、押された部分のストローは潰れる。これがめり込みである

柱

土台

めり込む

この現象は、鉄やコンクリートにはないよ。押す材と押される材との強さに差がないからなんだ

ストローが潰れる

重い材でも浮き上がる力

水に浮く力が「浮力」です。軽いものが浮くことは想像できますが、重いものでも浮くのはなぜでしょうか？重い鉄でできた船が、どうして水に浮くのか、考えてみましょう！

鉄の船が水に浮く理由

浮力は、体積と密度、重力加速度で計算できる。

浮力F＝物体の体積V×密度ρ×重力加速度g

鉄の重さ：1㎥あたり、7.85トン
（密度7.85t/㎥＝78.5kN/㎥）

水の重さ：1㎥あたり、1.0トン
（密度1.0t/㎥＝10.0kN/㎥）

鉄7.85t(78.5kN/㎥)
（密度7.85t/㎥）

水1.0t(10.0kN/㎥)
（密度1.0t/㎥）

鉄の密度（78.5kN/㎥）と水の密度（10.0kN/㎥）では、7.85倍もの違いがあるんだよ

つまり、水に浮く条件は、

鉄でつくる船の密度が、水の密度10kN/㎥より小さくなること、となる

たとえば、100トン（1,000kN（100t））の鉄で船をつくる場合、船の体積は100㎥を超えていれば、水に浮く。

船の密度1000kN÷船の体積100㎥超＝10kN/㎥未満＜水の密度10kN/㎥

水に浮く、浮かないは、密度で比較するとわかるのだ

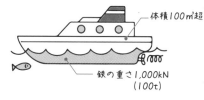

体積100㎥超

船の密度
鉄の重さ1,000kN÷体積100㎥超
密度＝10kN/㎥未満＜水の密度10kN/㎥

水に浮く!!

鉄の重さ1,000kN
（100t）

筋肉や贅肉は水より重い？

これに関連して、「筋肉は重いから水に浮かない」「贅肉は軽いから水に浮く」という話は本当だろうか。これも、浮力の計算で考えてみよう。いずれも体重が100kgの、筋肉質の人と贅肉が多い人で考える

筋肉質
筋肉は重いから沈む？

贅肉いっぱい
脂肪は軽いから浮く？

筋肉質の人

体重100kg（1kN）÷体の体積0.08㎥＝密度12.5kN/㎥
密度12.5kN/㎥＞水の密度10kN/㎥　　よって、水に浮かない

体重100kg（1kN）
体積0.08㎥ ｝ 密度12.5kN/㎥＞水の密度10kN/㎥

沈む!!

贅肉（脂肪）の多い人

体重100kg（1kN）÷体の体積0.11㎡＝密度9.09kN/㎡
密度9.09kN/㎡＜水の密度10kN/㎡　　　　よって、水に浮く

体重100kg（1kN）
体積0.11㎡ ⎫ 密度9.09kN/㎡＜水の密度10kN/㎡
⎭ 浮く!!

筋肉が水に浮かない、贅肉が水に浮くということではなく、贅肉の多い人は、体の体積が大きいため、浮力により水に浮いていたのである!!

水泳の選手は筋肉質なのに、なぜあんなに速く泳げるのか。本当は水に浮かないのに、筋力で沈まないようにして進んでいたのか？もろもろ調べてみると、水泳選手は体脂肪率が10％を超えている方も多いようで、体の体積が大きく、浮力を生み出しているようである。この水泳選手の体脂肪は、保温機能も兼ねているらしい

木造住宅は浮力対策を施したい

この浮力は、重量の小さな木造住宅を浮かせてしまうこともある。川の氾濫などで床上浸水になる場合、通常、基礎の中にも水が入るため浮力は発生しないが、気密性を高め、さらに基礎断熱で基礎内部に水が入りにくい構造とした場合には、木造住宅でも浮力が発生する。といっても、水害を考えて気密性を下げる、基礎断熱を中止するということは、日常の快適性を犠牲にするため避けたい

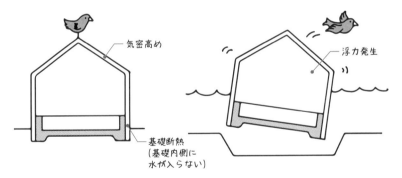

気密高め

浮力発生

基礎断熱
（基礎内側に
水が入らない）

浮力が発生しても建物が流れないような措置を施している住宅メーカーもある

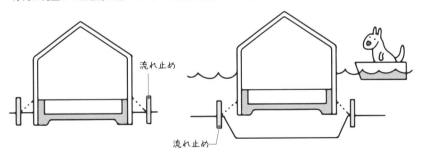

流れ止め

流れ止め

動きを止める摩擦力

木造建物にとって、摩擦力はとても重要です。摩擦とは、触れ合った物体に力を加えたときに、その力と逆向きに作用する力のこと。たとえば、荷物の入った箱がある場合、押しても簡単に動かないときには、**押す力と逆向きに摩擦力が作用**しています。簡単に言えば、動きにくく抵抗している力が摩擦力です。

1. 同じ荷物の入った箱を、同じ力で押す場合

①平滑な床面の場合

押したら簡単に動くとイメージできる(押す人の足が滑ることは考えないものとする)

②ざらついた床面の場合

押しても簡単に動かないことがイメージできる

ここでわかることは、床面の平滑、ざらつきという状態によって、押したときの動きやすさが変わるということ

> 摩擦力は、「床面の状態」で変わる

2. 床面の状態が同じ場合

軽い荷物を押すと動きやすく、重い荷物を押しても動きにくいことがイメージできる

ここでわかることは、荷物の重さで押したときの動きやすさが変わるということ

> 摩擦力は、「荷物の重さ」で変わる
> 摩擦力 F（N、kN）＝摩擦係数（床面の状態）（μ）×垂直抗力（荷重の重さ）（N、kN）

伝統構法の「石場建て基礎」は免震効果があるのか？

伝統構法の柱脚の石場建て基礎について。石場建てとは、石を基礎として用い、その上に柱を直接建てる方法のこと。鉄筋コンクリート造の基礎、土台、柱で構成され、土台と基礎はアンカーボルトで緊結する一般的な木造建物とは異なり、柱を載せているだけである。そのため、地震時には石の上で木の柱が滑り「免震効果」があると言われている。実際はどうなのだろうか

木の柱

摩擦係数は0.6程度

石の基礎

> 石と木の柱の摩擦係数は0.6程度。摩擦係数0.6とは、石に載っている柱の力（軸力）の0.6倍の力を横から作用させないと動かないということだよ

石と木の柱の摩擦係数は0.6程度。建物全体の柱が石場建てと考えると、建物重量の0.6倍の地震力が作用しないと、石の上に載る木の柱は滑らないということになる（詳細は193頁）

木造建物の1階の地震力は、構造計算上では建物重量の0.2倍。つまり、石場建ての摩擦係数の1/3程度なんだ。だから、石場建ては免震効果があるとは言えないね

木造建物の1階地震力
Qe=建物重量×0.2

地震力で
滑らない

摩擦係数0.6の場合、
抵抗する力は建物重量×0.6

木造建物の「杭」は基礎と一体化していない

木造建物の地震力はどこで打ち消されているのだろうか。鉄骨造や鉄筋コンクリート造の建物の場合と比較してみよう

1. 鉄骨造や鉄筋コンクリート造の建物の場合

基礎と杭を一体化させる「杭基礎」が一般的。杭基礎は、建物の鉛直荷重と水平荷重を杭が負担し、建物に作用する地震力は杭に負担させて、建物が地震で動かないように設計する

杭基礎
鉛直荷重○
水平荷重○

基礎

杭

2. 木造建物の場合

杭で地盤補強をしても、杭と基礎は一体化せず、杭の上に基礎の載せるだけの「直接基礎」が一般的。直接基礎は建物の鉛直荷重のみを負担する

直接基礎
鉛直荷重○
水平荷重×

基礎

杭

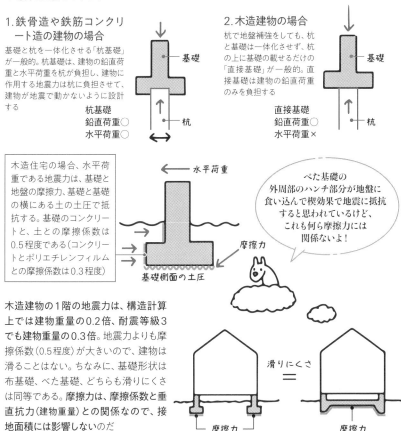

木造住宅の場合、水平荷重である地震力は、基礎と地盤の摩擦力、基礎と基礎の横にある土の土圧で抵抗する。基礎のコンクリートと、土との摩擦係数は0.5程度である（コンクリートとポリエチレンフィルムとの摩擦係数は0.3程度）

水平荷重

摩擦力

基礎側面の土圧

べた基礎の外周部のハンチ部分が地盤に食い込んで楔効果で地震に抵抗すると思われているけど、これも何ら摩擦力には関係ないよ！

木造建物の1階の地震力は、構造計算上では建物重量の0.2倍、耐震等級3でも建物重量の0.3倍。地震力よりも摩擦係数（0.5程度）が大きいので、建物は滑ることはない。ちなみに、基礎形状は布基礎、べた基礎、どちらも滑りにくさは同等である。摩擦力は、摩擦係数と垂直抗力（建物重量）との関係なので、接地面積には影響しないのだ

滑りにくさ
＝

摩擦力

摩擦力

memo

第 5 章

これってホント！

難しいと感じる建築構造も、その成り立ちや
構造の仕組みを知ると実はとても面白い！
誰もが知っている建物の秘密、つい誤解してしまっていること、
身近なもの、身近な出来事に潜む構造の数々。
知れば知るほど面白い構造の世界を覗いてみてください！

五重塔の心柱が浮いているわけ

五重塔の中心に建っている「心柱」は、浮いているものと浮いていないものがあります。心柱が浮いている？ そうなのです、心柱には、上から吊るして浮かせた状態のものもあるのです。

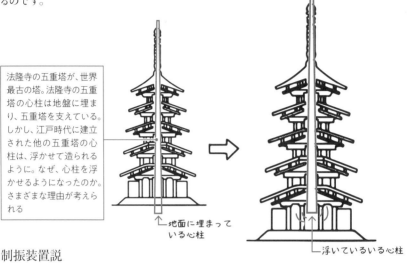

法隆寺の五重塔が、世界最古の塔。法隆寺の五重塔の心柱は地盤に埋まり、五重塔を支えている。しかし、江戸時代に建立された他の五重塔の心柱は、浮かせて造られるように。なぜ、心柱を浮かせるようになったのか。さまざまな理由が考えられる

← 地面に埋まっている心柱

└ 浮いているいる心柱

制振装置説

浮いている心柱が、地震時に五重塔と逆向きに揺れるため、**地震の揺れを低減する制振効果**が生まれる。この効果を考えて心柱を浮かせたというのが「**心柱制振装置説**」である。建物が地震で揺れるとき、心柱が建物と逆向きに揺れて、揺れを吸収するという考え。いわゆる、**マスダンパー型の制振装置**（振り子制振装置）である（「性能はトレードオフするものじゃない」［96頁］で解説）

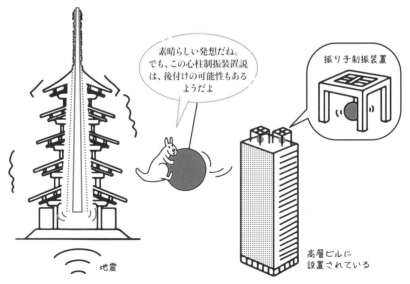

素晴らしい発想だね。でも、この心柱制振装置説は、後付けの可能性もあるようだよ

振り子制振装置

地震

高層ビルに設置されている

雨漏り防止説

結構有力なのが、「心柱雨漏り防止説」。これは、木の乾燥収縮の特徴である「異方性」を知っていると理解しやすい。木の中の水分が抜けていくとき、乾燥に伴う収縮が起きる。この乾燥収縮は単純にスケールダウンせず、各部で収縮する割合が異なる。図のように木の乾燥収縮には、繊維方向、半径方向、接線方向があり、それぞれの**乾燥収縮の比率**は、繊維方向：半径方向：接線方向＝1：10：20である

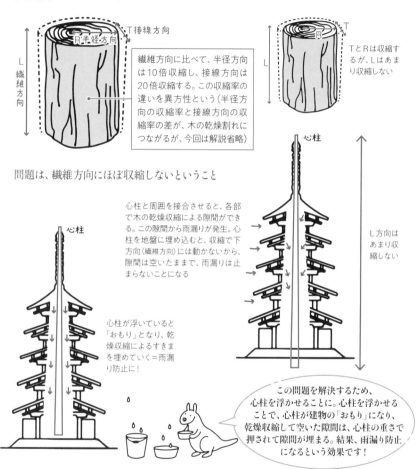

繊維方向に比べて、半径方向は10倍収縮し、接線方向は20倍収縮する。この収縮率の違いを異方性という（半径方向の収縮率と接線方向の収縮率の差が、木の乾燥割れにつながるが、今回は解説省略）

TとRは収縮するが、Lはあまり収縮しない

問題は、繊維方向にほぼ収縮しないということ

心柱と周囲を接合させると、各部で木の乾燥収縮による隙間ができる。この隙間から雨漏りが発生。心柱を地盤に埋め込むと、収縮で下方向（繊維方向）には動かないから、隙間は空いたままで、雨漏りは止まらないことになる

L方向はあまり収縮しない

心柱が浮いていると「おもり」となり、乾燥収縮によるすきまを埋めていく＝雨漏り防止に！

この問題を解決するため、心柱を浮かせることに。心柱を浮かせることで、心柱が建物の「おもり」になり、乾燥収縮して空いた隙間は、心柱の重さで押されて隙間が埋まる。結果、雨漏り防止になるという効果です！

column

ログハウスでも起きている木材の乾燥収縮

丸太を組み上げてつくるログハウスは、この丸太が乾燥することで収縮し、壁に隙間が空くが、丸太自身の重さで下向きに下がり、隙間を埋めていく。もし、ログハウスに丸太を支える柱があれば、五重塔と同じように丸太の乾燥収縮による隙間が埋まらず、雨漏りするかもしれません

ラウンドノッチ

スクエアノッチ

東京スカイツリーの制振装置

地震や強風時の揺れに対して安全な構造とするため、中央部に鉄筋コンクリート造の円筒（心柱と同様のもの）を設け、外周部の鉄骨造の塔体を構造的に分離し、中央部の円筒（心柱）上部を「おもり」として機能させた制振システムを用いている。この制振システムは「質量付加機構」という制振技術を応用したもの。いわゆる、マスダンパー型の制振装置の発展型である[※]

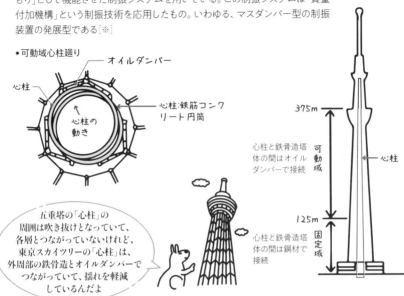

・可動域心柱廻り

オイルダンパー

心柱

心柱：鉄筋コンクリート円筒

心柱の動き

心柱と鉄骨造塔体の間はオイルダンパーで接続

375m

可動域

心柱

125m

固定域

心柱と鉄骨造塔体の間は鋼材で接続

五重塔の「心柱」の周囲は吹き抜けとなっていて、各層とつながっていないけれど、東京スカイツリーの「心柱」は、外周部の鉄骨造とオイルダンパーでつながっていて、揺れを軽減しているんだよ

---

column

質量付加機構ってどんなもの？

制振システムの1つで、地震、強風時などに、構造物本体とタイミングがずれて振動する付加質量（＝おもり）を加えることで、本体とおもりの揺れを相殺させ、構造物全体の揺れを抑制します

付加荷重（おもり）：
右への揺れ

建物全体で揺れが吸収される

建物本体：
左への揺れ

付加荷重（おもり）：
左への揺れ

建物全体で揺れが吸収される

建物本体：
右への揺れ

---

column

五重塔は何階建て？

答えは、平屋です！5階建てではありません。平屋で、屋根が5段になっているだけです。現に、床は1階しかありません

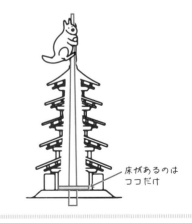

床があるのはココだけ

※ 東京スカイツリー公式サイト参照

柔らかいものを敷いても減震にはならない

柔らかいものは緩衝材となり、衝撃力をやわらげる。その視点で考えると、建物の下（基礎の下）に柔らかいものを敷くと緩衝材として地震力を低減させる（減震）効果を発揮しそうに感じます。本当にそうなのでしょうか。

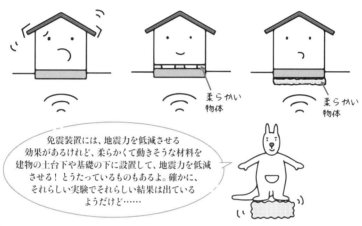

免震装置には、地震力を低減させる効果があるけれど、柔らかくて動きそうな材料を建物の土台下や基礎の下に設置して、地震力を低減させる！とうたっているものもあるよ。確かに、それらしい実験でそれらしい結果は出ているようだけど……

プリンとようかん

たとえば、硬い「ようかん」と柔らかい「プリン」。両方を揺らすと、硬いようかんはあまり揺れないがプリンは大きく揺れる。柔らかいものは揺れを増幅させるのである。軟弱地盤で古い建物が倒壊しやすいのは、揺れ幅が大きいからである。ところが、建物の下に柔らかいものを入れると揺れが低減する、と真逆の説明をしている減震工法や免震装置もあるので、注意したい

硬いようかん

柔らかいプリン

↓

柔らかいプリンはよく揺れる！

↓

固い地盤

軟弱地盤

プリンがよく揺れるように、軟弱地盤もよく揺れる！

置き換え工法や免震でよく見かけるね[21頁]。置き換えは、あくまでも土を軽くする技術であって、置き換え工法に使う超軽量体は、地震力を減らす効果まで期待できるものではないかも。置き換えと減震、別々な効果として考えた方が無難だね

柔らかい物体

柔らかい物体

免震装置は木造住宅が苦手

建物を地震から守る方法として「免震」があります。建物に作用する地震力を低減する装置を基礎部分に設置して、基礎から上の構造体の揺れを低減させるものです。実はこの免震装置、大きなビルなどには設置されますが木造住宅ではあまり設置されていません。理由は「木造住宅は軽い」から‼ ビルなどの大きな建物は鉄骨造や鉄筋コンクリート造が多く、基本的に重い建物です。この重さがどう関係するのでしょうか？

地震力と風圧力

建物を横方向に押す水平荷重には地震力と風圧力がある。風圧力は台風などにより建物を押す力。これら水平荷重力の特徴は以下のとおり

地震力

建物の重さが大きいと地震力も大きくなる

体重が2倍違うと身体に作用する地震力は2倍違う！

体重50kg　体重100kg

軽い屋根材　重い屋根材
軽い外装材　重い外装材
軽い建物　重い建物

風圧力

建物の立面上のかたちで大きさが決まる。風の当たる面積が大きいと風圧力は大きくなる。しかし、建物が重いと、風圧力の影響は少なくなる

風圧力小　風の当たる見付面積小
風圧力大　風の当たる見付面積大
風圧力大　風の当たる見付面積大

風圧力が大きくても建物が重いと、風圧力に抵抗する力は大きい！

建物ごとに見てみるとこんな感じ

建物重量大
地震力>風圧

地震力>風圧力
※見付面積が大きいため作用する風圧力は大きい。しかし、建物が重いため風圧力に対する抵抗力が大きい

低層の鉄筋コンクリート造の建物は、風圧力の影響はほぼ受けないよ

重いビルのような建物：
地震力>風圧力

建物重量小
地震力≒風圧力

木造住宅は地震力と風圧力の両方計算するよ

木造住宅のように軽い住宅：
地震力≒風圧力

免震装置と建物重量

地震の揺れが地面から建物に伝わるとき、上部構造を揺らさないように免震装置を用いる。免震装置の「硬さ」は、建物の重さに応じて決める

1. 重いビルの場合

重いビルのような建物は、免震装置の設定が硬めにできていて、地震では揺れを遮断する。ある程度の硬さがあるため、台風が来ても免震装置は機能せず、建物は揺れない

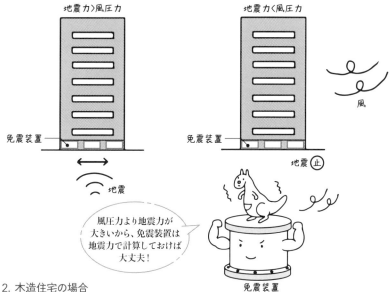

風圧力より地震力が大きいから、免震装置は地震力で計算しておけば大丈夫！

2. 木造住宅の場合

木造住宅は軽いため、免震装置の設定も柔らかくなる。地震が来たときは上部構造へ揺れを伝えないが、地盤で揺れていない台風のときは、柔らかい設定のため、**強風で免震機能が作動してしまい、上部建物が揺れてしまうことがある**

これが重さの軽い木造住宅には免震装置が少ない理由である

制振装置の使い分け

制振装置、制振ダンパーは、基本的に同じ意味で使います。ダンパーとは、弾性体など
を用いて衝撃を弱めたり、振動が伝わるのを止めたりするための装置のことです。

制振装置の種類

制振装置は、「層間ダンパー型」、「マスダンパー型」、「連結型」の3種類に分類できる

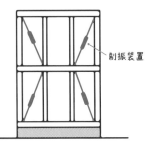

層間ダンパー型
建物各階(各層)にダンパーを設置し、地震により建物が
変形するときにダンパーが振動(エネルギー)を吸収する

制振装置

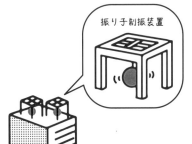

振り子制振装置

連結型
複数の異なる建物を制振装置で連結し、振動(エネ
ルギー)を吸収する

制振装置

マスダンパー型
建物上部に重りなどを設置
し、建物が揺れるときにおも
りが逆向きに揺れることで振
動(エネルギー)を低減する

column

「制振」と「制震」

どちらも読み方は「せいしん」。「公共建築改修工事標準仕様書(建築工事編)
令和4年度版(国土交通省)」に倣い、ここでは、「制振」の漢字を用います。
また、制振装置メーカーの解釈では、
・「制振」は地震や交通振動を含む、小さな揺れを含む揺れ(大き
　な揺れも含む)
・「制震」は地震による大きな揺れ(小さな揺れは含まない)
このことからも、本書では「制振」としています

住宅で使われる層間ダンパー型の種類

住宅などに使われる、層間ダンパー型について深堀する。層間ダンパー型の制振装置は、エネルギー吸収機能に応じて「**変位依存型**」と「**速度依存型**」の2つに分類される

変位依存型

ダンパーの変形量（変位）に応じてエネルギーを吸収する。鋼材のダンパー、摩擦系ダンパーがある

複数回の地震の
建物変形大（建物損傷）のときに
制振装置として機能

速度依存型

ダンパーの変形する速度に応じてエネルギーを吸収。オイルダンパーなどがある。小さな変形でも機能するため、地震初期からエネルギーを吸収できる

地震初期の
建物変形小でも
制振装置として機能

制振装置の基本的なことを理解したうえで考えてほしいのは、「耐震」という建物を頑丈にして地震に耐える考えと、「制振」という地震などの揺れ（エネルギー）を吸収する考えは、「別物」ということ

人でたとえると、骨や筋肉が「耐震」で、衝撃などにがっちり耐える部分。関節が「制振」で、衝撃を吸収する部分のようなイメージ

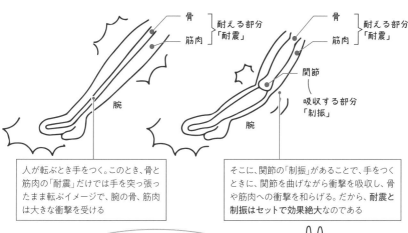

人が転ぶとき手をつく。このとき、骨と筋肉の「耐震」だけでは手を突っ張ったまま転ぶイメージで、腕の骨、筋肉は大きな衝撃を受ける

そこに、関節の「制振」があることで、手をつくときに、関節を曲げながら衝撃を吸収し、骨や筋肉への衝撃を和らげる。だから、耐震と制振はセットで効果絶大なのである

では、制振装置だけだとどうなるのか。
関節の「制振」だけだと、転んで手をつくとき、
関節で衝撃は吸収できても、骨と筋肉の「耐震」がない、
または弱いと、転ぶ衝撃に耐えきれません。
「耐震」と「制振」はセットで考えるべき
ものなのです

木造住宅の耐震と制振の最適な組み合わせ

木造住宅の耐震と制振の組み合わせを考えてみましょう。木造住宅で耐震性能を耐震等級3とした場合、制振装置は「変位依存型」と「速度依存型」で、それぞれどのような効果が発揮できるのかを考えてみます。

変位依存型と速度依存型の効用

1.耐震等級3＋変位依存型（壁倍率あり）

耐震等級3により、建物は剛性が高くなり（固くなり）、変形しにくくなる。そこに、変位依存型の制振装置を設置すると、建物が変形しにくいため制振効果は発揮しにくく、筋かい形の耐力壁として機能する。つまり、耐震性能を向上させるが、制振効果は発揮されにくいことになる

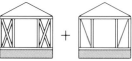

耐震等級3 ＋ 制振装置（変位依存型）

面材耐力壁内側または、耐力壁のない部分に制振装置を設置。制振装置を設置しても耐力壁を削除しない

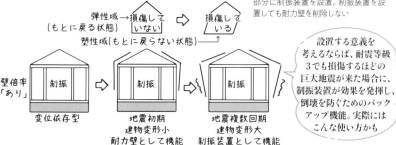

弾性域→損傷していない（もとに戻る状態）　→　損傷している
塑性域（もとに戻らない状態）

壁倍率「あり」　制振　⇒　制振　⇒　制振
変位依存型　地震初期　建物変形小　耐力壁として機能　地震複数回期　建物変形大　制振装置として機能

設置する意義を考えるならば、耐震等級3でも損傷するほどの巨大地震が来た場合に、制振装置が効果を発揮し、倒壊を防ぐためのバックアップ機能。実際にはこんな使い方かも

耐震性能を向上させ、損傷する領域に行かないように働く

2.耐震等級3＋速度依存型（壁倍率なし）

速度依存型の制振装置は、小さな変形でも制振効果を発揮するため、剛性が高い耐震等級3の建物の微小な変形でもエネルギー吸収を行う。つまり、耐震効果と制振効果を同時に発揮するのだ。地震エネルギーを吸収するため、耐震等級3の性能も維持できる

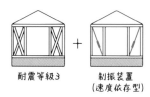

耐震等級3 ＋ 制振装置（速度依存型）

面材耐力壁内側または、耐力壁のない部分に制振装置を設置。制振装置を設置しても耐力壁を削除しない

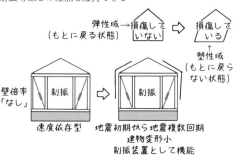

弾性域→損傷していない（もとに戻る状態）　→　損傷している
塑性域（もとに戻らない状態）

壁倍率「なし」　制振　⇒　制振
速度依存型　地震初期から地震複数回期　建物変形小　制振装置として機能

耐震性能を維持し、損傷する領域に行かないように働く

既存の木造住宅で耐震補強を行う場合の制振装置の選び方

既存住宅のリノベーションで耐震補強を行う場合、耐震補強のレベルで制振装置を選択するのも一案

予算などの関係上、建物の耐震補強が部分的にしかできない場合、耐震性能を高くすることが難しいこともある。そのような場合は、**変位依存型**の制振装置で耐震性能を補う使い方が良いかもしれない

建物を骨組み状態にして耐震補強ができる場合、建物の耐震性能は、かなり高くできる。この場合は、**速度依存型**の制振装置で「耐震性能＋制振効果」が良いだろう

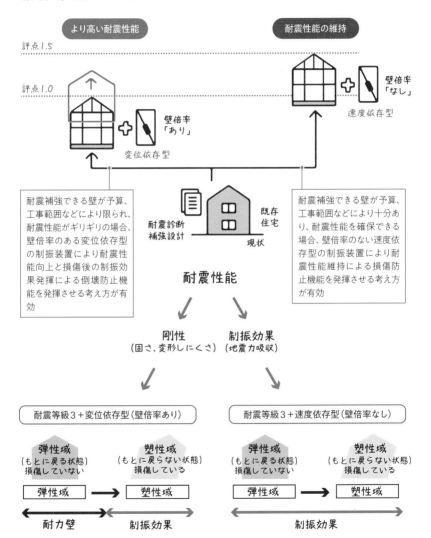

より高い耐震性能

耐震性能の維持

評点1.5

評点1.0

壁倍率「あり」

変位依存型

壁倍率「なし」

速度依存型

耐震補強できる壁が予算、工事範囲などにより限られ、耐震性能がギリギリの場合、壁倍率のある変位依存型の制振装置により耐震性能向上と損傷後の制振効果発揮による倒壊防止機能を発揮させる考え方が有効

耐震診断補強設計

既存住宅

現状

耐震補強できる壁が予算、工事範囲などにより十分あり、耐震性能を確保できる場合、壁倍率のない速度依存型の制振装置により耐震性能維持による損傷防止機能を発揮させる考え方が有効

耐震性能

剛性
（固さ、変形しにくさ）

制振効果
（地震力吸収）

耐震等級3＋変位依存型（壁倍率あり）

弾性域
（もとに戻る状態）
損傷していない

塑性域
（もとに戻らない状態）
損傷している

弾性域 → 塑性域

耐力壁 ← → 制振効果

耐震等級3＋速度依存型（壁倍率なし）

弾性域
（もとに戻る状態）
損傷していない

塑性域
（もとに戻らない状態）
損傷している

弾性域 → 塑性域

制振効果

伊勢神宮は掘立柱で地震に抵抗

伊勢の神宮など古い建物は、現在のような基礎がない木造建物です。ではどのように建っているのかというと、木の柱が土に埋まって建っています。いわゆる掘立柱の構造です。では、なぜ埋める必要があるのでしょうか。

柱の足元を固定して水平荷重に抵抗する

建物に作用する荷重には、鉛直方向の荷重（鉛直荷重）と水平方向の荷重（水平荷重）がある

鉛直荷重には耐えることができる

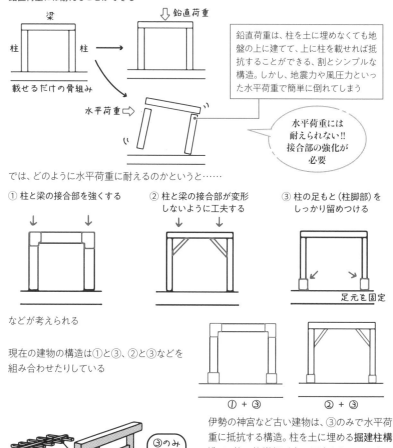

鉛直荷重は、柱を土に埋めなくても地盤の上に建てて、上に柱を載せれば抵抗することができる、割とシンプルな構造。しかし、地震力や風圧力といった水平荷重で簡単に倒れてしまう

水平荷重には耐えられない!!
接合部の強化が必要

では、どのように水平荷重に耐えるのかというと……

① 柱と梁の接合部を強くする

② 柱と梁の接合部が変形しないように工夫する

③ 柱の足もと（柱脚部）をしっかり留めつける

足元を固定

などが考えられる

現在の建物の構造は①と③、②と③などを組み合わせたりしている

① + ③

② + ③

③のみらしい

伊勢神宮

伊勢の神宮など古い建物は、③のみで水平荷重に抵抗する構造。柱を土に埋める**掘建柱構造**は、柱の柱脚部が土で固定されているため、柱が曲がらないように踏ん張り、**水平荷重に抵抗**できる。この構造は、片持ち梁の構造と同じ原理である。この片持ち梁を「柱」にして建てただけのシンプルな構造なのだ

掘立柱から発展する木造

掘立柱の建物として、青森県の三内丸山遺跡に、縄文時代前半から中期(紀元前約3,900年〜2,000年)の遺跡がある。当時は、構造物を建てる際に、掘立柱構造を用いた。土に柱を埋める問題点は、木の腐食。木の腐食を防ぐため、柱を土に埋めず、礎石(建物を支える基礎となる石)を地盤に据え付け、その上に柱を建てる構造が生まれ始めた

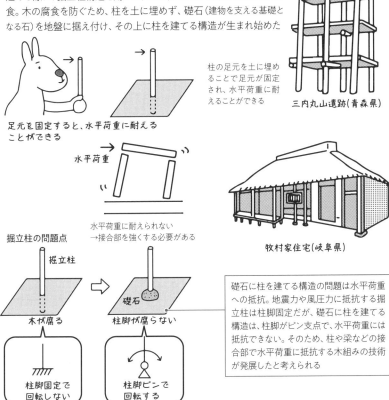

足元を固定すると、水平荷重に耐えることができる

水平荷重

水平荷重に耐えられない
→接合部を強くする必要がある

掘立柱の問題点

掘立柱

木が腐る

柱脚固定で
回転しない

礎石

柱脚が腐らない

柱脚ピンで
回転する

柱の足元を土に埋めることで足元が固定され、水平荷重に耐えることができる

三内丸山遺跡(青森県)

牧村家住宅(岐阜県)

礎石に柱を建てる構造の問題は水平荷重への抵抗。地震力や風圧力に抵抗する掘立柱は柱脚固定だが、礎石に柱を建てる構造は、柱脚がピン支点で、水平荷重には抵抗できない。そのため、柱や梁などの接合部で水平荷重に抵抗する木組みの技術が発展したと考えられる

伝統的な木構造は「耐震」+「制振」??

伝統的な木構造における「柔構造」は、柳が風に揺れるように水平荷重をしなやかにかわす、受け流すイメージ。しかし、重量物である建物を柔らかくして変形量を多くすると、接合部におけるダメージは大きいはず……。礎石に柱を建てる構造は「基礎に緊結しない免震」といわれているが、免震構造は、上部構造が剛であることで効果を発揮することから、柔構造といわれる伝統的な木構造は、剛構造による「耐震」と、「木のめり込みによるエネルギー吸収(制振)」を組み合わせた技術と言えるのかもしれない

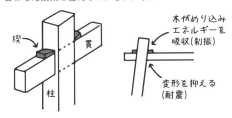

楔

貫

柱

木がめり込み
エネルギーを
吸収(制振)

変形を抑える
(耐震)

伝統的な木構造における地震対策は、現在の耐力壁による耐震構造とは異なる、木組みで抵抗する構造。現在の耐震構造の剛構造(実際は、できるだけ剛性を高くし固くする構造)と比べ、柔構造と言われているが、あえて「柔」にしているわけではなく、当時の技術で「剛」にしていたように思われる

DIYの手摺は危険かもしれない!?

DIY流行っていますよね。本物の大工さん顔負けの道具をそろえている人も!! 自分自身でつくり上げる楽しみは格別です。しかし、構造を理解してほしい部分が多くあります。そのなかで、ぜひ考えて欲しいのが「手摺」です。

実はやっかいなDIYの手摺

ウッドデッキの床部分は、人の重さに耐えられる構造にする必要がある。これは、感覚的に「感じる」部分なので、構造的な危険性は少ないだろう。土台を設置して、その上に床材を敷き込む。床材の断面寸法に対して土台の間隔が大きければ、人が乗ったときにたわむので、そのたわみ具合で、土台の間隔を狭めたりして調整ができる。体感でき、構造的なイメージもできる。しかし、最後に取り付ける手摺は、そうはいかない

手摺はシンプルな構造でつくれるだろうと考えがちだが、その「シンプルな構造」がとても危険なのだ

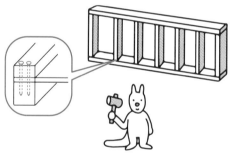

左図のようにハシゴ状につくり、床材の上に建てて釘やビスで留め付ける。この形状の手摺は危険。かなりぐらつくはずである。理由は、手摺を押す力により発生する「**転倒モーメント**」に対して、釘やビスによる「**安定モーメント**」が抵抗できないからである

右図のように手摺を押すと、手摺の下側には「転倒モーメント」が作用する。手摺の高さがある分、このモーメントはまあまあ大きい!

この転倒モーメントに抵抗するのが釘やビスによる「安定モーメント」である

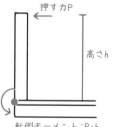

押す力P

高さh

転倒モーメント:P・h

安定モーメントは釘やビスの引抜力（X）（引抜けないように抵抗する力）と転倒モーメントが発生する位置までの「距離（L）」で算出する。問題は、「距離」が極端に小さいこと

L2
L1

この距離が小さいから、モーメントは小さくなってしまうんだ

安定モーメント:X・L

釘の引抜けないよう抵抗する力X

計算例で見てみよう

大人が15kgの力で手摺の上部を押す。手摺の高さが1mの場合、
転倒モーメント＝15kg×1m＝15kg·m　となる

釘やビスの引抜力を70kg、距離が3cmと7cmとした場合、
安定モーメント＝70kg×0.03m＋70kg×0.07m＝7kg·m　となる

左右で留めているとすると、7kg·m×2＝14kg·m　となる。
つまり、左右2か所では足りず、釘やビス止めの個所を増やさなければならないことがわかる

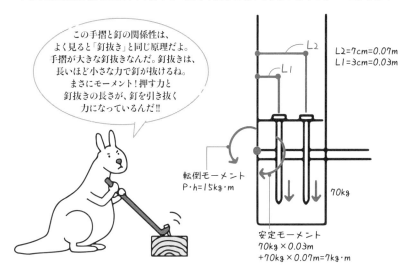

この手摺と釘の関係性は、よく見ると「釘抜き」と同じ原理だよ。手摺が大きな釘抜きなんだ。釘抜きは、長いほど小さな力で釘が抜けるね。まさにモーメント！押す力と釘抜きの長さが、釘を引き抜く力になっているんだ!!

L2＝7cm＝0.07m
L1＝3cm＝0.03m

転倒モーメント
P·h＝15kg·m

70kg

安定モーメント
70kg×0.03m
＋70kg×0.07m＝7kg·m

結局、手摺はどうつくれば安心なのか？

できれば、基礎部分から支柱を適宜立ててつくるとよい。支柱と床組部分を組み合わせることで、釘による安定モーメントを大きくできる。この支柱と支柱の間に、手摺をつくると、割と安定した手摺ができるのだ

支柱と床組を組み合わせて手摺を補強

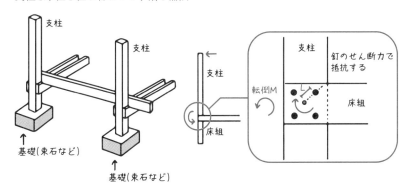

支柱

支柱

基礎（束石など）

基礎（束石など）

支柱

支柱

床組

転倒M

支柱

釘のせん断力で抵抗する

床組

郊外の高速道路の段差

郊外で高速道路を走っていると、水平に小さな段差があります。道路の端から端まで段差があり、数メートル走ると、また段差……。この段差は何でしょうか??
（都心の高速道路の段差は道路のジョイント部だったりするので、その段差とは違いますよ）

ガクン

盛土とトンネルで段差ができる

この段差、実は**地盤沈下**である。高速道路で地盤沈下？何で水平な段差？？これは、高速道路が一般道路と直交するために設けられたトンネルの上部で起きることが多い。盛土の上の高速道路は地盤沈下するが、トンネル上部では沈下が起きないため、それに伴う段差なのである

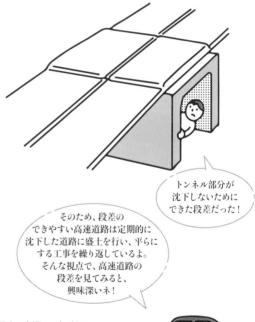

「地盤沈下のリスクをなくす（置き換え）」[20頁] で解説したように、土はとても重い。高速道路をつくるときに盛土して、数年間放置（プレロード）し、土を盛る前の現状地盤を沈下させてから上に高速道路をつくる。しかし、重い土の影響が大きいため、一旦沈下させた現状地盤でも、地盤の状況によっては、少しずつ沈下し続けることもあるのだ

トンネル部分が沈下しないためにできた段差だった！

そのため、段差のできやすい高速道路は定期的に沈下した道路に盛土を行い、平らにする工事を繰り返しているよ。そんな視点で、高速道路の段差を見てみると、興味深いネ！

トンネル部分は空洞で、土がない。そのため地盤沈下が起きない

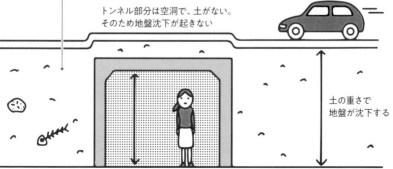

土の重さで地盤が沈下する

「木」にしかできないこと

以前、木構造の大家である大学教授に、建物の構造材である木と鉄、コンクリートを比べたときに、木の特徴ってなんですか？と、漠然とした質問をしました。木は軽いけれど強いとか、自然素材だから地球環境にやさしいなど、ありふれた答えを想像していたのですが、先生からの答えは「木だけが割りばしになる」というものでした！

割りばしは「木」にしかできない

木（針葉樹）には繊維があり、割りばしは繊維方向につくられている。自然な状態でくっついているが、人の力できれいに割れる、というもの。そして重さの理由ではなく、鉄やコンクリートで「割りばし」がつくれないのは、繊維方向がないためなのである

木（針葉樹）の構造はジュースを飲むストローを束ねたようなもの。ストローは小さくて目に見えない。そのストローは木の長さ方向に束ねられている。それを繊維方向と表現している。だから、割りばしにして、ちょっとだけ溝をつけて割れやすくすることで、繊維がはがれて割れる、そういうメカニズムなのである

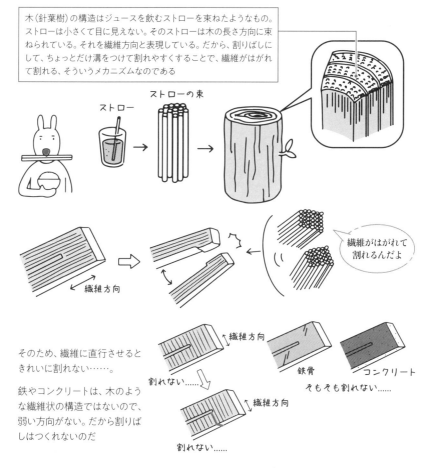

ストロー　ストローの束

繊維がはがれて割れるんだよ

繊維方向

そのため、繊維に直行させるときれいに割れない……。

鉄やコンクリートは、木のような繊維状の構造ではないので、弱い方向がない。だから割りばしはつくれないのだ

繊維方向

割れない……

繊維方向

割れない……

鉄骨　コンクリート

そもそも割れない……

性能はトレードオフするものじゃない

建物の地震対策には、「耐震」「制振」「免震」などの方法があり、決まった組み合わせ方があります。具体的には、「耐震＋制振」または「耐震＋免震」です。「制振」と「免震」は一般的には融合させることはありませんが、「制振」も「免震」も耐震性能がしっかりと確保された建物に対して、プラスアルファの性能として組み合わせます。

「耐震」「制振」「免震」を理解する

耐震性能
建物を地震に耐えるように頑丈につくる考え方。建物に地震力はそのまま作用するが、頑丈な建物は作用する地震力に対して耐える

免震性能
免震装置を基礎上などに設置することで、建物に地震力を作用させないもの。耐震性能が確保された建物に免震装置を設置することで、地震力を作用させない効果を発揮する

制振性能
地震力により耐震性能が低下して建物が大きく変形すると制振効果を発揮して、建物の倒壊を防ぐもの、建物の変形が少ないときから制振効果を発揮し、耐震性能を維持させるものがある

耐力壁

耐震構造

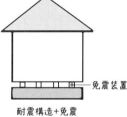

免震装置

耐震構造＋免震

制振装置

耐震構造＋制振

制振も免震も基本は耐震性能とセットで考える。制振装置、免震装置を設置するから耐震性能は不要（または耐震性能を低減）というトレードオフはできない。制振装置を設置することで、建物に作用する地震力を減衰させる

トレードオフという考えは、車でたとえるならば、安全装置であるエアバッグを取り付けるのでブレーキは不要と言うようなもの。どちらも必要な安全装置同様、建物の制振や免震は耐震性能とセットで考えるものである

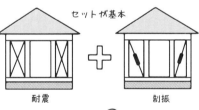

セットが基本

耐震 ＋ 制振

エアバック

ブレーキ

安全に関する部分はトレードオフするものじゃない

第 **6** 章

構造の基本を考える

建物の構造の基本を、木造、鉄骨造（S造）、
鉄筋コンクリート造（RC造）の構造種別ごとに解説します。
建物に作用する荷重と、その荷重に抵抗する仕組みから、
各構造の特徴と力の流れのイメージを掴んでいきましょう！

木、S、RCで変わる建物の骨組み（構造）

建物が強風や地震などに耐えるための骨組みを「構造」といいます。ここでは基本的な建物の構造を紹介します。建物には木造、鉄骨造（S造）、鉄筋コンクリート造（RC造）などの基本構造があります。それらをさらに分けると、以下となります。

主な木造の種類

木造は、柱や梁の軸組材で骨組みを構成している「軸組工法」と、壁面や床面の面で骨組みを構成する「枠組壁工法（ツーバイフォー方向）」がある。さらに分類すると、軸組工法には、在来工法と「金物工法」、「伝統構法」があり、軸組工法、枠組壁工法以外に、「木質ラーメン工法」、「CLT工法」、「丸太組工法（ログハウス）」などがある

```
木  造 ─┬─ ①軸組工法
        │
        └─ ②枠組壁工法（ツーバイフォー工法）
```

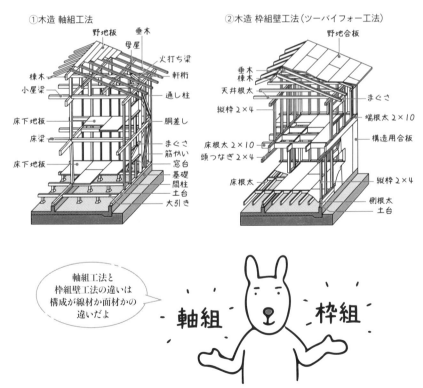

①木造 軸組工法
野地板　垂木　母屋　火打ち梁　軒桁　棟木　小屋梁　通し柱　床下地板　胴差し　床梁　まぐさ　筋かい　床下地板　窓台　基礎　間柱　土台　大引き

②木造 枠組壁工法（ツーバイフォー工法）
野地合板　垂木　棟木　天井根太　まぐさ　縦枠2×4　端根太2×10　床根太2×10　構造用合板　頭つなぎ2×4　床根太　縦枠2×4　側根太　土台

軸組工法と枠組壁工法の違いは構成が線材か面材かの違いだよ

軸組　枠組

主な鉄骨造の種類

鉄骨造は、柱と梁で骨組みを構成する「**ラーメン構造**」と、柱と梁、ブレース（筋かい）で構成する「**ブレース構造**」がある。さらに、使用する鋼材の厚さにより「**重量鉄骨**」（厚さ6mm以上の鋼材を使用）と「**軽量鉄骨**」（厚さ6mm未満の鋼材を使用）とがある。重量鉄骨は、ラーメン構造、ブレース構造のどちらの構造もあるが、軽量鉄骨は、ブレース構造が基本となる

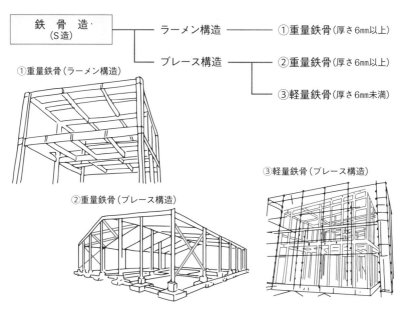

```
┌─────────────┐
│  鉄 骨 造   │── ラーメン構造 ──────── ①重量鉄骨（厚さ6mm以上）
│  （S造）    │
└─────────────┘── ブレース構造 ──────── ②重量鉄骨（厚さ6mm以上）
                                    └── ③軽量鉄骨（厚さ6mm未満）
```

①重量鉄骨（ラーメン構造）

②重量鉄骨（ブレース構造）

③軽量鉄骨（ブレース構造）

主な鉄筋コンクリート造の種類

鉄筋コンクリート構造は、柱と梁で骨組みを構成する「**ラーメン構造**」と、壁面や床面の面で骨組みを構成する「**壁式構造**」がある

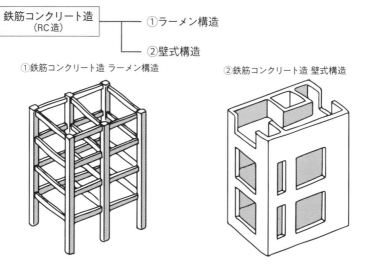

```
┌─────────────────┐
│ 鉄筋コンクリート造 │── ①ラーメン構造
│   （RC造）       │
└─────────────────┘── ②壁式構造
```

①鉄筋コンクリート造 ラーメン構造

②鉄筋コンクリート造 壁式構造

建物に作用する鉛直荷重は単純明快

鉛直荷重は、重力方向に作用する荷重で、簡単に言えば「下向きに作用する力」です。建物自身の重さや、建物を使う人や家具などの重さ、屋根に積もる雪の重さなどは、下向きに作用する荷重です。この鉛直荷重に耐えるように骨組みを構成させるには、柱を建てて梁を架ければOKです。一方、木造、鉄骨造（S造）、鉄筋コンクリート造（RC造）の種別［98、99頁］で出てきた、ラーメン構造とブレース構造について。これは、水平荷重に抵抗する部分の違いです［詳細は103、104頁］。

鉛直荷重に対する構成は木、S、RC造で共通

鉛直荷重に耐えるための柱と梁の構成は、木造と鉄骨造、鉄筋コンクリート造のいずれも形状は一緒。さらに、柱と梁の接合部も難しく考える必要はなく、柱の上に梁を載せてしまえばよい。柱の脚元は（柱脚）は、地面に直に建てればよいのである

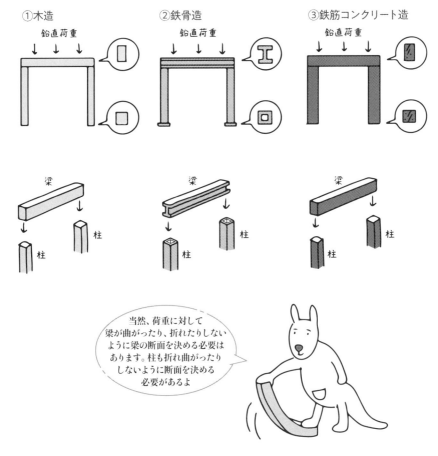

①木造　鉛直荷重

②鉄骨造　鉛直荷重

③鉄筋コンクリート造　鉛直荷重

梁　柱　柱

当然、荷重に対して梁が曲がったり、折れたりしないように梁の断面を決める必要はあります。柱も折れ曲がったりしないように断面を決める必要があるよ

鉛直荷重に耐える骨組みは、積み木でもつくれるほど単純な構造なんだよ

水平荷重

次に、水平荷重について考えてみよう。**水平荷重は地震や台風などにより建物を横方向に押す荷重**のことである。この、横方向に押す荷重に耐えるように骨組みを構成するのが結構厄介。鉛直荷重に耐える積み木のような構造に対して水平荷重が作用すると、接合部が弱いため、あっという間に骨組みは崩壊してしまうのだ

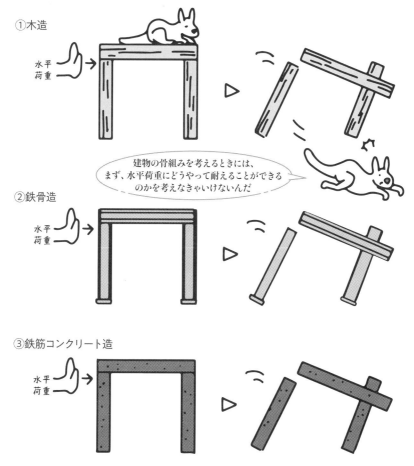

①木造

水平荷重

建物の骨組みを考えるときには、まず、水平荷重にどうやって耐えることができるのかを考えなきゃいけないんだ

②鉄骨造

水平荷重

③鉄筋コンクリート造

水平荷重

水平荷重に耐える骨組みポイント「接合部」

建物の骨組みが水平荷重に耐えるようにするのは意外と厄介。そこでポイントになるのが「接合部」です。柱と梁の接合部を強くすることで、水平荷重に耐える骨組みができます。

接合部の角度が変形すると崩壊する

鉛直荷重に耐える骨組みは、柱の上に梁を載せるだけ。しかし、この骨組みを横から押すと崩壊してしまう。この崩壊原因は弱い接合部にある。柱と梁の接合部が弱いと、水平荷重に対して直角だった接合部の角度が、徐々に変化して崩壊するのだ

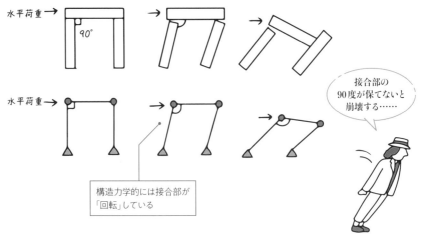

水平荷重 →　　90°

水平荷重 →

構造力学的には接合部が「回転」している

接合部の90度が保てないと崩壊する……

「接合部を強くする」とは「回転させないこと」

それでは、接合部を強くするとはどういうことなのかを考えてみよう。構造の基本となる「構造力学」では、角度が変わってしまう接合部を「回転端（ピン端、ピン支点、ピン）」という。「接合部を強くする」とは、接合部の角度を変えない、回転させないことなのである

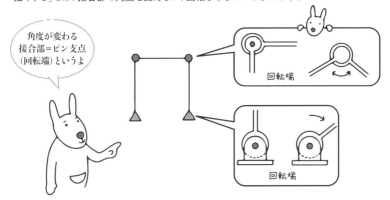

角度が変わる接合部＝ピン支点（回転端）というよ

回転端

回転端

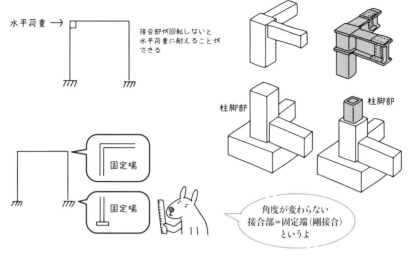

水平荷重 →

接合部が回転しないと
水平荷重に耐えることが
できる

固定端

固定端

角度が変わらない
接合部＝固定端（剛接合）
というよ

柱脚部

柱脚部

柱、梁を強くして変形させないラーメン構造

接合部を固定端にしても、柱や梁が弱いと水平荷重で変形してしまう。そのため、**接合部を固定端にする**、さらに**柱や梁を強くして変形させない**、これを同時に行う必要があるのだ。このような骨組みを「**ラーメン構造**」という

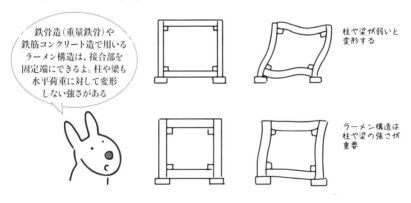

鉄骨造（重量鉄骨）や
鉄筋コンクリート造で用いる
ラーメン構造は、接合部を
固定端にできるよ。柱や梁も
水平荷重に対して変形
しない強さがある

柱や梁が弱いと
変形する

ラーメン構造は
柱や梁の強さが
重要

木造ラーメン、軽量鉄骨ラーメンはアリ？

このラーメン構造を木造や軽量鉄骨でつくることは難しい。木造によるラーメン構造も存在するが、接合部がゴツくなり、柱や梁も巨大化する。コスト的にも、現実的ではなく、すべての木造建物に適する構造形式ではない。軽量鉄骨も同様。では、木造や軽量鉄骨造のように、水平荷重に耐えるための骨組みであるラーメン構造が難しい構造に対しては、どうすればよいか、次頁で解説する

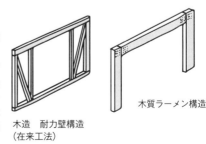

木造　耐力壁構造
（在来工法）

木質ラーメン構造

水平荷重に耐える骨組みポイント「壁」

水平荷重に耐える骨組みとして、接合部を強くするラーメン構造を103頁で解説しました。しかし、木造や軽量鉄骨造は、接合部を固定端(剛接合)にすることが難しいため、柱と梁の骨組みの中に、水平荷重による骨組みの変形に耐える「壁」を構成します(壁構造)。この壁を「耐力壁」とよびます。

ラーメン構造にできないものは壁構造で考える

木造の場合は、筋かいによる耐力壁と面材による耐力壁が一般的である。一方、軽量鉄骨造の場合は、鋼製ブレース(筋かい)による壁が一般的。鉄骨造の場合、耐力壁とよばず、ブレース構造という。重量鉄骨造でもブレース構造はある。水平荷重に対して壁で耐える構造として、壁式鉄筋コンクリート構造もある

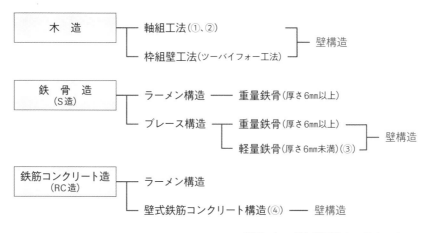

＊耐力壁、ブレース構造は「壁構造」としてまとめている

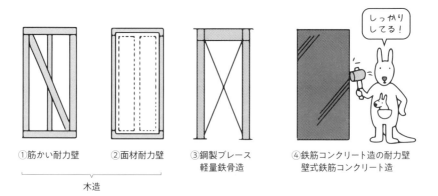

①筋かい耐力壁　②面材耐力壁　③鋼製ブレース　④鉄筋コンクリート造の耐力壁
　　　　　　　　　　　　　　　　軽量鉄骨造　　　壁式鉄筋コンクリート造

木造

しっかりしてる！

「壁構造」のメリットとデメリット

壁で水平荷重に耐える**壁構造**のメリットは、接合部を固定端（剛接合）として強くする必要がなく、割と簡易な接合部で済むため、**柱や梁の断面を小さくできる**ことである

木造（壁構造）

鉄筋コンクリート造（ラーメン構造）

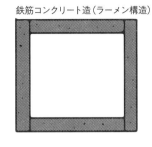

柱断面が大きいと、部屋の中に柱が出てくるので邪魔くさいよね

耐力壁　　　　　　　耐力壁

一方、デメリットは、水平荷重に耐えるための壁が必要になってくるため、ラーメン構造にはなかった**開口部や空間への制限が生じる**ことである

木造（壁構造）　　　　　　　　　　　　　　　　　　　　鉄筋コンクリート造（ラーメン構造）

ラーメン構造だと、水平荷重に耐えるための壁はいらないんだ

大空間と小区画で使い分ける

ラーメン構造と壁構造は、建物の用途によって上手に使い分けよう。オフィスビルや工場など、**大空間が必要な用途の場合は、ラーメン構造**が向いている。住宅のように部屋で仕切られている用途の場合は、**壁構造**が向いている

住宅　　　　　　　　　　オフィスビル

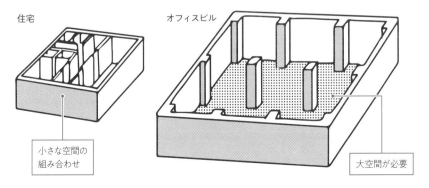

小さな空間の組み合わせ

大空間が必要

「鉄骨」と「鉄筋」は似て非なるもの

鉄骨造の「鉄骨」と鉄筋コンクリート造の「鉄筋」、どちらも鋼材でできているものですが、形状や役割はまったく別物です。しかし、テレビなどを見ていると「鉄筋の建物」や「鉄筋造」など、鉄筋という言葉がよく使われています。それ、鉄骨造なの？それもと鉄筋コンクリート造なの？　いつも疑問に思います。

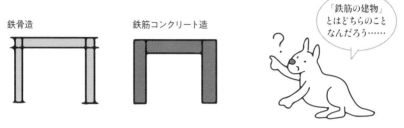

鉄骨造　　　　鉄筋コンクリート造

「鉄筋の建物」とはどちらのことなんだろう……

鋼材単体を骨組みとして用いるか否か

鋼材で柱や梁に整形したものは「鉄骨」で、建物の骨組みとしたものが鉄骨造。一方、鋼材を棒状に整形したものは「鉄筋」で、鉄筋のみで建物の骨組みとして使うことはなく、コンクリートと組み合わせることで鉄筋コンクリート造になる

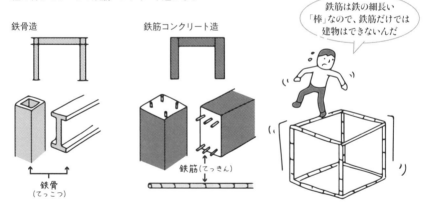

鉄骨造　　　　　　　鉄筋コンクリート造

鉄骨
（てっこつ）

鉄筋（てっきん）

鉄筋は鉄の細長い「棒」なので、鉄筋だけでは建物はできないんだ

木造住宅にしかない「土台」

鉄骨と鉄筋の違いが理解されていないように、木造住宅の「**基礎**」と「**土台**」もよく間違われています。これまたテレビを見ていると「基礎」を「土台」と言う間違いが多いです。

土台は木の柱を鉄筋コンクリートの基礎に固定するための部材

「土台とは建物の最下部にあって、上部の重みを支える横木。物事の根本、基礎、基本」国語の辞書ではこんな解説となっている。建物としての土台と、物事の基本となる意味の土台、これらが入り混じり、間違った表現になっているのかもしれない。木造住宅の上部建物の重みを支える部材である基礎は鉄筋コンクリート造、土台は木である。材料自体もまったく別物なのである

木造

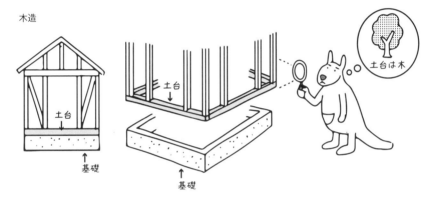

ちなみに、ほかの構造体である鉄骨造、鉄筋コンクリート造は、木造のように柱を支える「土台」は明確に存在しない

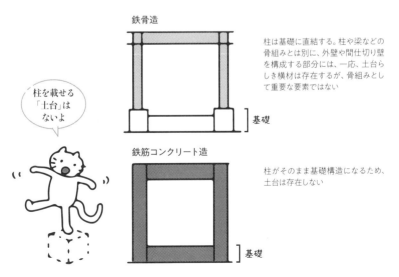

柱を載せる「土台」はないよ

鉄骨造

柱は基礎に直結する。柱や梁などの骨組みとは別に、外壁や間仕切り壁を構成する部分には、一応、土台らしき横材は存在するが、骨組みとして重要な要素ではない

鉄筋コンクリート造

柱がそのまま基礎構造になるため、土台は存在しない

木造の長所と短所

木造で最も多い建物は「住宅」です。木造住宅の構造は、軸組工法と枠組壁工法（ツーバイフォー工法）があります。さらに分類すると、軸組工法には、在来工法と金物工法があります。そこで、これら木造の長所と短所を考えてみましょう！

工法によって異なる長所と短所

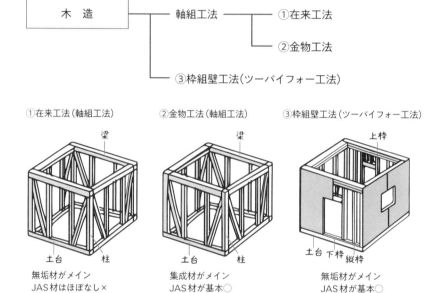

①在来工法（軸組工法）
梁・土台・柱
無垢材がメイン
JAS材はほぼなし×

②金物工法（軸組工法）
梁・土台・柱
集成材がメイン
JAS材が基本○

③枠組壁工法（ツーバイフォー工法）
上枠・土台・下枠・縦枠
無垢材がメイン
JAS材が基本○

	①在来工法	②金物工法	③枠組壁工法
加工できるプレカット業者	○	△	△
施工できる職人	○	○	△
構造躯体の費用	○	△	○
木造の品質	△	○	○
設計ルール	×	×	○
木造の断面欠損	×	○	○
接合部の強度	△	○	○

構造によって傾向があるんだね

木造各工法の長所と短所

①在来工法	長所	・加工できるプレカット業者が多い ・施工できる職人が多い ・構造躯体は割と安価	在来工法の接合部
	短所	・無垢材の場合、材料強度にばらつきがある（JAS材がほぼ流通していない） ・柱や梁の断面欠損が大きい ・構造に関する設計ルールがない	

在来工法の接合部

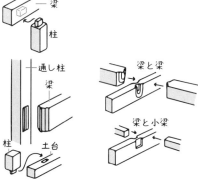

②金物工法	長所	・集成材を使うことが多く、材料強度が安定している（JAS材が基本） ・断面欠損が少ない ・施工精度が高い
	短所	・構造に関する設計ルールがない ・構造躯体が在来工法に比べて割高 ・加工できるプレカット業者が少ない（さらに工法ごとに細分化される）

金物工法の接合部

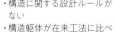
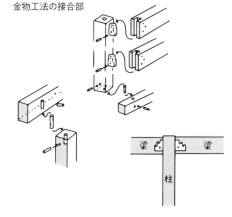

③枠組壁工法	長所	・構造に関する設計ルールがある ・断面欠損がないため、材料強度が100％使える ・載せる構造なので、接合部が強い
	短所	・設計できる建築士、施工できる職人が少ない ・海外から来た工法という既成概念がいまだに残っていて、食わず嫌いの実務者が多い ・下から積み上げる施工なので、屋根がかかるまでに時間がかかる

枠組壁工法の接合部

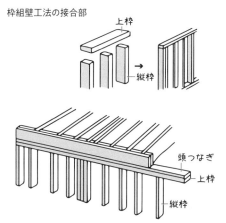

memo

第 **7** 章

地震を知る

地震はどうして発生するの？

地震の大きさ、揺れ方や地震の波の伝わり方などなど。

地震を知ることで建物への影響力が見えてきます。

建物の耐震性能を考えるのは、地震を知ることから始まります。

地震のことをじっくり考えていきましょう！

そもそも地震の揺れって何？

地震には2種類の「揺れ」があります。「縦揺れ」と「横揺れ」です。地震が発生すると、まず「縦揺れ」が地盤面に到達し、次に「横揺れ」が到達します。縦揺れは進行方向に揺れるため速度が速く、横揺れは、進行方向に直角方向に揺れるため速度が遅く、縦揺れの後に地盤面に到達します。そのため、地震が発生するとまず、下から突き上げるような縦揺れを感じ、その後、グラグラと横揺れを感じます。

P波とS波

「縦揺れ」は初めに到達する一次波（Primary 波）：P波とよばれ、次に到達する「横揺れ」は二次波（Secondary 波）S波とよばれる。P波、S波はバネなどでイメージしてみよう

P波
バネが進行方向に伸び縮みするようにして進む。進行方向の伸び縮みなので、速く進む

S波
バネが進行方向に対して横向きに波打つようにして進む。そのため、進む速さは遅い

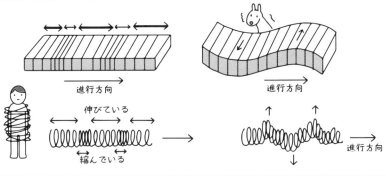

column

緊急地震速報

気象庁が地震の発生を知らせる**緊急地震速報**は、このP波とS波の時間差を利用しています。地震が発生すると、震源に近い地震計がP波を感知し、震源の位置、地震の規模（マグニチュード）を瞬時に推定して震度やS波の到達時刻を予測するものです。地震の揺れは、最初に到達するP波よりも後に到達するS波の方が強いため、緊急地震速報では、強い揺れであるS波の到達をあらかじめ伝えます。しかし、震源に近い地域では、P波とS波の到達時間の差が少ない場合もあり、緊急地震速報の直後に強い揺れが来る場合もあります

速度　P波：秒速約7km
　　　S波：秒速約4km

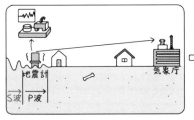

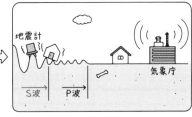

震度7を超える地震はないの?

地震の揺れの大きさを表すものとして「震度」があります。震度は震度階として地震の揺れの大きさを10段階で表しています。震度7までなのに10段階?と思いますよね。震度は、震度0、震度1、震度2、震度3、震度4、震度5弱、震度5強、震度6弱、震度6強、震度7までの10段階です。震度5と震度6は、弱、強に分かれています。

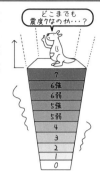

体感から計測震度計へ

各震度階級は、表に区分されている

気象庁震度階級表

震度階級	計測震度	震度階級	計測震度
0	0.5未満	5弱	4.5以上5.0未満
1	0.5以上1.5未満	5強	5.0以上5.5未満
2	1.5以上2.5未満	6弱	5.5以上6.0未満
3	2.5以上3.5未満	6強	6.0以上6.5未満
4	3.5以上4.5未満	7	6.5以上

現在、震度7が上限だがこれは、計測震度6.5以上となっている。かつての震度は、体感や周囲の被害状況から推測していたが、現在の震度は、計測震度計により自動的に観測している。現在の震度階に変わったのは、阪神淡路大震災の翌年1996年4月である

~1996年3月

~1996年4月~計測震度

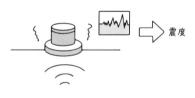

1995年の阪神淡路大震災のころまでは、体感等による推測というのも驚きだね

この震度階の発表後に発生した最大震度は2016年4月16日に発生した、熊本地震の計測震度6.7。よって、**現在震度7までしかない理由は、計測震度7.5以上の地震が発生していないからなのである**。今後、計測震度7.5以上の地震が発生すれば、震度8も出てくるだろう

column 1996年4月以降発生した震度7の地震

- 2004年：新潟県中越地震（計測震度6.5）
- 2011年：東北地方太平洋沖地震（東日本大震災）（計測震度6.6）
- 2016年：熊本地震4月14日（計測震度6.6）
- 2016年：熊本地震4月16日（計測震度6.7）
- 2018年：北海道胆振東部地震（計測震度6.5）
- 2024年：令和6年能登半島地震（計測震度6.5）

震度はどの程度の被害を想定しているのか？

現在10段階の震度階、気象庁のHPには、**震度階**と**被害想定**が明確に示されています。

震度と揺れ等の状況（概要）

注目すべきは、以下の震度階である

震度5強：固定されていない家具が倒れることがある
　　　　　補強されていないブロック塀が崩れることがある
震度6弱：耐震性の低い木造住宅は、瓦が落下したり、
　　　　　建物が傾いたりすることがある倒れるもののある
震度6強：耐震性の低い木造住宅は、傾くものや、倒れるものが多くなる
震度7 　：耐震性の低い木造住宅は、傾くものや、倒れるものがさらに多くなる
　　　　　耐震性の高い木造住宅も、まれに傾くことがある

「震度と揺れ等の状況（概要）」から読み解くべきこと

震度5強の地震

震度5強の地震が発生すると、ブロック塀が崩れる可能性がある。過去の地震被害でもブロック塀の倒壊で人命が奪われているため、震度5強以上の地震では、人命の危機があると言える。また、室内では固定されていない家具の転倒もあるので要注意である

震度6弱以上の地震

震度6以上は、木造住宅が倒壊する可能性がある。築年数が古く耐震性能の低い木造住宅は、震度6以上の地震では、倒壊する可能性がでてくる

建築基準法による木造住宅

木造住宅を建てる際に遵守する建築基準法で求められる耐震性能は、「**震度6強から7程度の地震で、倒壊崩壊しない事**」となっている

- 「倒壊崩壊しない程度」とは
震度6強から7程度の地震を受ける構造躯体の損傷の程度を意味し、耐震性能を維持できないほど損傷し、命は守るけれど住み続ける性能はなくなる可能性があること

- 「倒壊崩壊しない」とは
地震回数が1度だけの場合。そのため、震度6強から7程度の地震で損傷した木造住宅は、その後に発生する地震（以前の余震：現在は使わなくなった言葉）にて、倒壊する可能性が十分ある

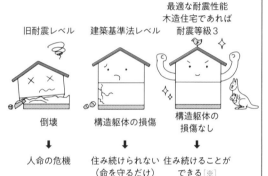

旧耐震レベル　建築基準法レベル　最適な耐震性能　木造住宅であれば　耐震等級3

倒壊　構造躯体の損傷　構造躯体の損傷なし

↓　↓　↓

人命の危機　住み続けられない（命を守るだけ）　住み続けることができる［※］

熊本地震で「余震」という言葉がなくなりました

column

2016年4月14日21時26分、熊本県熊本地方を震源とする最大震度7（M6.5）の地震が発生し、気象庁は「揺れの強かった地域では、家屋の倒壊や土砂災害などの危険性が高まっているおそれがありますので、今後の余震活動や降雨の状況に十分注意してください」と発表しました。

そして、約28時間後の4月16日1時25分、ほぼ同じ震源の最大震度7の地震（M7.3）が発生。2つの大地震は壊滅的な被害をもたらしましたが、あとから来た「余震」のほうが地震規模が大きかったのです。「余震」というと、本震より小規模な地震と受け取られかねません。そのため、それ以降の地震発表では、「同程度の地震」「規模の大きな地震」という言い方に変わりました

余震の方が大きいなんて

本震　余震

※ 2016年熊本地震における建築学会によって実施された「益城町中心部における悉皆調査」より

どうして地震は起こるの？（プレートテクトニクス）

地震は、地下の地盤のずれにより発生します。固いものに力が作用し、力に耐えきれなくなるとひびが入ります。これが地下でも起きています。岩盤に力が作用し、力に耐えきれなくなった岩盤がずれる（ひびが入る）、大雑把に言うと、これが地震の発生メカニズムです。この、岩盤に力が作用する現象は、**プレートテクトニクス**とよばれています。

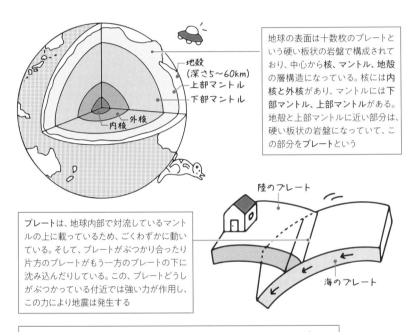

地殻
（深さ5〜60km）
上部マントル
下部マントル
内核　外核

地球の表面は十数枚のプレートという硬い板状の岩盤で構成されており、中心から核、マントル、地殻の層構造になっている。核には**内核と外核**があり、マントルには**下部マントル、上部マントル**がある。地殻と上部マントルに近い部分は、硬い板状の岩盤になっていて、この部分を**プレート**という

プレートは、地球内部で対流しているマントルの上に載っているため、ごくわずかに動いている。そして、プレートがぶつかり合ったり片方のプレートがもう一方のプレートの下に沈み込んだりしている。この、プレートどうしがぶつかっている付近では強い力が作用し、この力により地震は発生する

陸のプレート

海のプレート

日本は地震大国とよばれている。これには理由がある。日本周辺には4つのプレート、「海のプレート」である太平洋プレート、フィリピン海プレート、「陸のプレート」である北米プレート、ユーラシアプレートがあり、「海のプレート」が「陸のプレート」の下に沈み込んでいる。これらのプレートの動きによって地震が発生するのだ

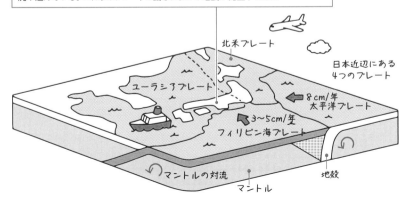

北米プレート

日本近辺にある
4つのプレート

ユーラシアプレート

8cm/年
太平洋プレート

3〜5cm/年
フィリピン海プレート

マントルの対流

地殻

マントル

「プレート内部地震」と「プレート境界地震」

「プレート内部地震」は、プレート内部に力が加わって発生する地震で、「海のプレート地震（沈み込むプレート内の地震）」と、「陸のプレート地震（陸域の浅い地震）」がある。一方、「プレート境界地震」は、海のプレートが陸のプレートに沈み込むときに陸のプレートが地下へ引きずり込まれ、引きずりに耐えられなくなって跳ね上がるように発生する地震である

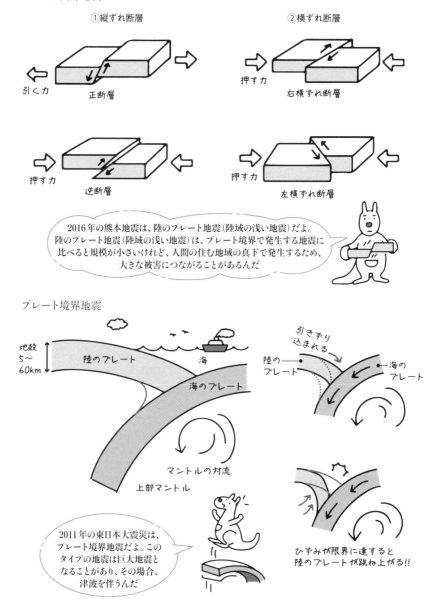

プレート内部地震

①縦ずれ断層　②横ずれ断層

引く力　正断層　押す力　右横ずれ断層

押す力　逆断層　押す力　左横ずれ断層

2016年の熊本地震は、陸のプレート地震（陸域の浅い地震）だよ。陸のプレート地震（陸域の浅い地震）は、プレート境界で発生する地震に比べると規模が小さいけれど、人間の住む地域の真下で発生するため、大きな被害につながることがあるんだ

プレート境界地震

地殻 5〜60km　陸のプレート　海　海のプレート

引きずり込まれる　陸のプレート　海のプレート

マントルの対流　上部マントル

2011年の東日本大震災は、プレート境界地震だよ。このタイプの地震は巨大地震となることがあり、その場合、津波を伴うんだ

ひずみが限界に達すると陸のプレートが跳ね上がる!!

マグニチュードと震度

地震のたびによく聞く「マグニチュード」と「震度」を、ここでおさらいしましょう。まず、「マグニチュード」は地震そのものの大きさを示すものです。そして「震度」は、特定の場所における揺れの強さを示すものです。地震が発生すると、マグニチュードはひとつだけ、震度は場所ごとに示されます。

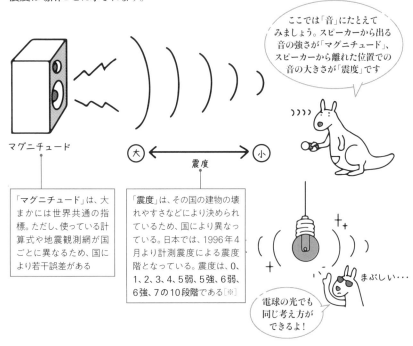

ここでは「音」にたとえてみましょう。スピーカーから出る音の強さが「マグニチュード」、スピーカーから離れた位置での音の大きさが「震度」です

マグニチュード

大 ← 震度 → 小

「マグニチュード」は、大まかには世界共通の指標。ただし、使っている計算式や地震観測網が国ごとに異なるため、国により若干誤差がある

「震度」は、その国の建物の壊れやすさなどにより決められているため、国により異なっている。日本では、1996年4月より計測震度による震度階となっている。震度は、0、1、2、3、4、5弱、5強、6弱、6強、7の10段階である[※]

まぶしい・・・

電球の光でも同じ考え方ができるよ！

マグニチュードは1違うと、地震の規模は大きく変わる

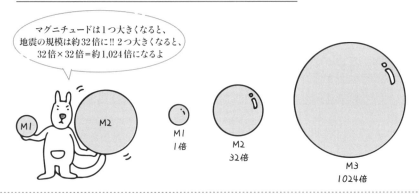

マグニチュードは1つ大きくなると、地震の規模は約32倍に!! 2つ大きくなると、32倍×32倍＝約1,024倍になるよ

M1

M2

M1
1倍

M2
32倍

M3
1024倍

※ 計測震度以前は、体感により震度を決めていた。また、海外ではMM震度階（モディファイド・メルカリ・スケール震度階）という12階級で震度を表しており、体感や被害状況により震度を決めている

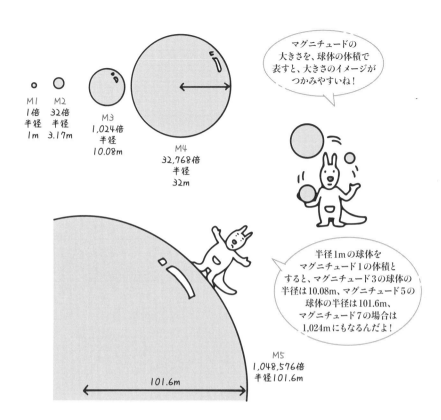

マグニチュード7はマグニチュード6の地震32個分

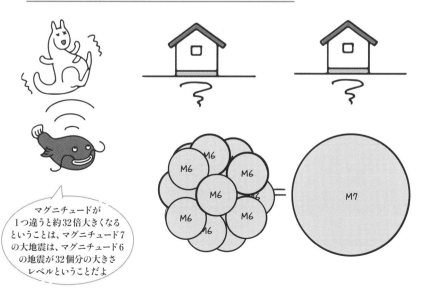

木造を狙い撃ちするキラーパルス

キラーパルスとは、固有周期[※1]が1から2秒の軟弱な地盤における揺れのことで、木造住宅と共振[※2]することで大きな被害をもたらします。

キラーパルスによる木造住宅の共振のしくみ

木造住宅の固有周期は、耐震性能の高い住宅で0.3秒以下、耐震性能が低い住宅でも0.3から0.5秒程度。では、どうして固有周期が1から2秒のキラーパルスで共振するのだろうか

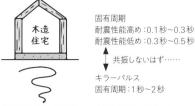

固有周期
耐震性能高め：0.1秒～0.3秒
耐震性能低め：0.3秒～0.5秒

共振しないはず……

キラーパルス
固有周期：1秒～2秒

耐震性能の低い木造住宅は大地震の第1波で「構造躯体が損傷」し、耐震性能が低下する。この「構造躯体の損傷」により、「固有周期が長期化」する。0.3から0.5秒程度だった固有周期が、1から2秒程度まで長期化してしまい、その後に発生する地震によりキラーパルスでの「共振」、そして大きな被害へとつながる。この「構造躯体の損傷」「固有周期の長期化」「共振」がキラーパルスの影響を受ける原因である

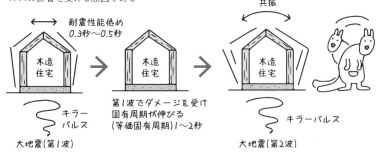

キラーパルスによる被害を防ぐには

建物の耐震性能を上げることが有効。耐震等級3で設計することで、大地震の第1波による「構造躯体の損傷」が防げる。ここで防げれば、固有周期が長期化しないため、キラーパルスによる共振、そして倒壊被害を防止できる

※1 地盤の固有周期の概略値は、岩盤0.1秒、洪積層0.2～0.3秒、沖積層0.4～1.0秒、埋立地・沼地1.0秒以上など。地層が軟らかく、またそれが厚くなるにつれ固有周期は長くなる（「自然災害情報室」（防災科研）より）｜※2 振動体に固有振動数と等しい振動が外部から加わると、振動の幅が大きくなる現象

固い地盤の共振とキラーパルスの共振の違い

共振だけを考えると、固い地盤でも共振する。たとえば、固有周期0.3秒の固い地盤では、耐震性が高い固有周期0.3秒の木造住宅と、地震の第1波の時点から共振する。しかし、なぜ、その共振は問題視されないのだろうか？　キラーパルスの共振と何が違うのだろうか？

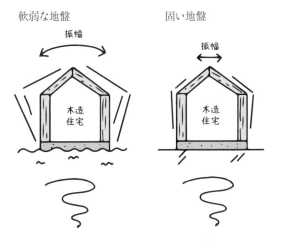

軟弱な地盤

固い地盤

簡単に言うと「**振幅**」の違いである。振幅とは、揺れた時の揺れ幅のこと。キラーパルスのように、**固有周期の長い軟弱な地盤**では、ゆっくり大きく（幅広く）揺れ、共振した木造住宅は損傷し続け、倒壊に至る。それに比べ、**固有周期の短い、固い地盤での共振**は、速く小刻みに揺れるため、共振しても大きな被害に至らないのである

共振を避ける理由で耐震性能を下げない

ここで気を付けなければいけないことは、固有周期の短い地盤（固い地盤）では、耐震性能の高い木造住宅は共振すると考え、共振を避けるために耐震性能を下げて固有周期を長めにすること。確かに、周期がずれることで共振はしなくなるが、耐震性能を下げることで、作用する地震力に抵抗できなくなる可能性がある。**固い地盤の場合、振幅は小さくても地震による加速度は減衰しにくいため、建物に作用する地震力は大きくなる**。共振のみを考えての耐震等級を下げる設計は、やらないようにしよう

どうして地震の揺れは下からくるのか？

地震の揺れは、震源から地表面に伝わります。震源の直上であれば、真下から地震の揺れが伝わりますが、震源から離れた場所でも、地震の揺れは真下からきます。本来、震源から離れた場所では、地震の揺れは震源から斜め方向に伝わってきます。そう考えると、地震の揺れ方は、震源からの距離により変わるはずです。ところが、震源からの距離により、地震の強さは変わりますが、**真下からくる揺れ方は同じ**なのです。

地震の揺れが真下からくる仕組み

プレートテクトニクスの項目で説明したように、地震は硬い地殻という岩盤部分で発生する。岩盤部分で発生した地震の揺れは四方に広がる

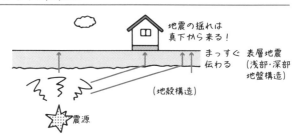

地震の揺れは真下から来る！

まっすぐ伝わる　表層地震（浅部・深部地盤構造）

（地殻構造）

震源

地震の揺れが伝わるときの特徴として、**硬い岩盤部は速く伝わり、軟弱な表層地盤は速度が遅くなる**。震源から発生した揺れを、手をつないだ人でたとえてみると……

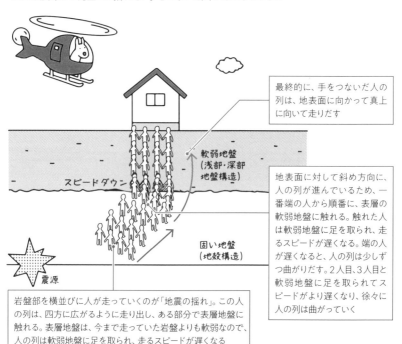

最終的に、手をつないだ人の列は、地表面に向かって真上に向いて走りだす

軟弱地盤（浅部・深部地盤構造）

スピードダウン

固い地盤（地殻構造）

震源

地表面に対して斜め方向に、人の列が進んでいるため、一番端の人から順番に、表層の軟弱地盤に触れる。触れた人は軟弱地盤に足を取られ、走るスピードが遅くなる。端の人が遅くなると、人の列は少しずつ曲がりだす。2人目、3人目と軟弱地盤に足を取られてスピードがより遅くなり、徐々に人の列は曲がっていく

岩盤部を横並びに人が走っていくのが「地震の揺れ」。この人の列は、四方に広がるように走り出し、ある部分で表層地盤に触れる。表層地盤は、今まで走っていた岩盤よりも軟弱なので、人の列は軟弱地盤に足を取られ、走るスピードが遅くなる

軟弱地盤がよく揺れるのはなぜ？

地震が発生すると、軟弱地盤はよく揺れます。羊羹とプリンの揺れでたとえたように[83頁]、軟弱地盤は大きく揺れます。これもまた、地震の揺れを、手をつないだ人にたとえて考えてみましょう！

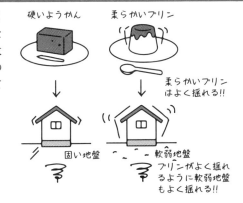

硬いようかん　柔らかいプリン

柔らかいプリンはよく揺れる!!

固い地盤　　軟弱地盤

プリンがよく揺れるように軟弱地盤もよく揺れる!!

軟弱地盤がよく揺れる仕組み

震源から発生する「揺れ」を、「手をつないだ人」で考えてみる。1列目、2列目と手をつなぐ人の列が、「揺れ」として進む。岩盤を通り過ぎ、表層地盤で、人の列はスピードが遅くなる。表層地盤が軟弱だと、人の列のスピードはますます遅くなり、次の列とその次の列が重なり合うように詰まっていく。**人の列が重なることで、横に揺れる量は大きくなる**

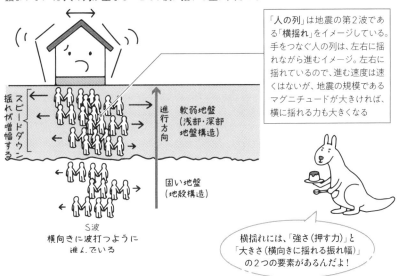

「人の列」は地震の第2波である「横揺れ」をイメージしている。手をつなぐ人の列は、左右に揺れながら進むイメージ。左右に揺れているので、進む速度は速くはないが、地震の規模であるマグニチュードが大きければ、横に揺れる力も大きくなる

スピードダウン　揺れが増幅する

進行方向

軟弱地盤（浅部・深部地盤構造）

固い地盤（地殻構造）

S波　横向きに波打つように進んでいる

横揺れには、「強さ（押す力）」と「大きさ（横向きに揺れる振れ幅）」の2つの要素があるんだよ！

「強さ」と「大きさ」は、地盤との関係で変わる
・**固い地盤**：「強さ」はそのまま、横に揺れる「大きさ」は小さく、進むスピードは速い
・**軟弱地盤**：「強さ」は小さく、横に揺れる「大きさ」は大きくなり、進むスピードは遅くなる
　　　　　　進むスピードが遅くなる分、揺れる強さも低減。しかしそのエネルギーが横揺れの「大きさ」に変わってしまうイメージです。そのため、軟弱地盤は揺れ幅が大きくゆっくりと揺れる

建物は縦揺れを考慮しなくてよい？

地震の揺れは、P波による縦揺れと、S波による横揺れがあります。建物の構造計算では、基本、横揺れに対して安全性を設計します。地震力は「水平荷重」として取り扱います。

横揺れ（S波）

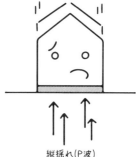

縦揺れ（P波）

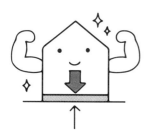

縦揺れに対する構造計算をなぜ行わないのか、構造計算の専門家である先生に質問した際の答えは「**建っているから大丈夫**」だった

この答えの意味は、簡単に言うと、建物は常時荷重である鉛直方向の荷重により、常に下向きに力を受けている。その鉛直方向の荷重と逆向きの縦揺れの地震力は、鉛直荷重より小さいため、考慮しなくてよいという考え方なのだ

建物は自重×0.2の横向きの地震力を受ける

具体的に、イメージしやすい木造住宅の地震力の計算で考えてみよう。木造住宅の地震力の計算は、「**横揺れ**」に対する計算。地震で建物が横に揺れるときに大きく揺れたり（大きく変形したり）、揺れにより構造躯体が損傷したり、倒壊しないようにする。**木造住宅に作用する地震の力は、建物の重さと、加速度のかけ算で計算する。**具体的には、建物の重さに0.2倍の加速度をかけ算して地震力としている[60頁]

人で考えてみよう。
・体重50kgの人を押す地震力は、
　　50kg×0.2＝10kgが横から押す地震力
・体重100kgの人を押す地震力は、
　　100kg×0.2＝20kgが横から押す地震力
この地震力に耐えるようにする

地震力
体重50kg×0.2
＝10kg

地震力
体重100kg×0.2
＝20kg

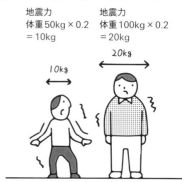

建物は地震力の5倍の常時荷重を受けている

横に揺れる地震力がイメージできたところで、縦揺れに話を戻そう。上向きに縦揺れの地震力が作用した場合、横揺れと同様、**建物の重さ×0.2の加速度が地震力とする**（実際は縦揺れの方が小さい）。また、縦方向には常時、下向きに重力加速度が作用している。この**重力加速度は、体重×1.0の力**。つまり、縦方向に体重×0.2倍の地震力が作用したとしても、その**5倍の力が常に作用しているから、縦揺れには問題なし→計算しなくても大丈夫**という考えなのである。この意味を究極の言葉として表現したのが「建っているから大丈夫」なのだ！

1. 縦揺れの地震力

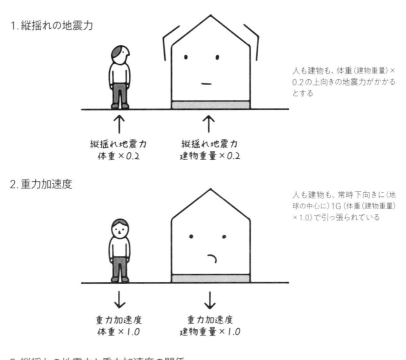

人も建物も、体重（建物重量）×0.2の上向きの地震力がかかるとする

縦揺れ地震力
体重×0.2

縦揺れ地震力
建物重量×0.2

2. 重力加速度

人も建物も、常時下向きに（地球の中心に）1G（体重（建物重量）×1.0）で引っ張られている

重力加速度
体重×1.0

重力加速度
建物重量×1.0

3. 縦揺れの地震力と重力加速度の関係

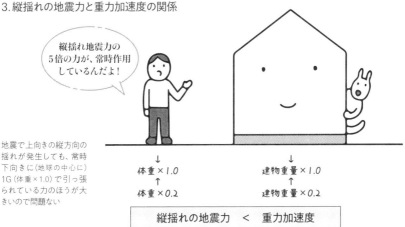

縦揺れ地震力の
5倍の力が、常時作用
しているんだよ！

地震で上向きの縦方向の揺れが発生しても、常時下向きに（地球の中心に）1G（体重×1.0）で引っ張られている力のほうが大きいので問題ない

↓
体重×1.0
↑
体重×0.2

↓
建物重量×1.0
↑
建物重量×0.2

縦揺れの地震力　＜　重力加速度

重さと硬さと地震力の関係性

建物が地震でどう揺れるかを考えるとき、建物の重さ、建物の硬さを考える必要があります。「建物の揺れは縦揺れを考慮しなくてよい？」[124頁]で説明したように、地震力を考えるとき、人に作用する地震力がイメージしやすいので、人にたとえて考えてみましょう。

建物が重いほど地震力は大きくなる

まずは建物の重さから。人に作用する地震力は、体重に加速度をかけ算することで決まる。体重が大きいと作用する地震力は大きくなる

木造住宅に作用する地震力で、体重にかけ算する加速度を0.2とした場合、
・体重50kgの人を横から押す地震力は、
　　　50kg×0.2＝10kgとなる。
・体重100kgの人を横から押す地震力は、
　　　100kg×0.2＝20kgとなる。
よって、人と同様に建物も、**重量が大きい**
（体重が重い）と地震力が大きく作用する

体重

小　大

地震力

建物が硬いと小刻みに、柔らかいと大きく揺れる

次に硬さ。これも人にたとえると、体が硬い人と柔らかい人に地震力が作用する場合、**体が硬い人は小刻みに揺れ、体が柔らかい人は大きく揺れる**イメージ

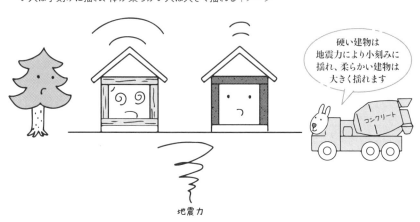

硬い建物は
地震力により小刻みに
揺れ、柔らかい建物は
大きく揺れます

コンクリート

地震力

建物の硬さで耐震性能を高める

建物の硬さ、柔らかさは、耐震性能、建物の高さなどにより変わる。低層の建物と超高層の建物で大きな違いがあるので、ここでは中低層程度の建物で考える。建物の耐震性能を高くする手段として、硬くする、変形させないことが挙げられる。中低層の建物は、硬くして変形させないようにすることで、地震力に耐えることができる

高層建物の場合、建物を硬くすると、地震時に1本の棒のように大きく左右に揺れてしまう。揺れ幅を小さくするため建物の硬さをやわらげ、地震対策を行っている。
＊長周期地震動による共振により、大きく揺れることもある

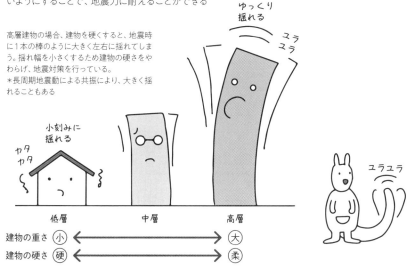

周期によって共振する建物は変わる

建物には固有の揺れやすい周期（固有周期）がある。地震波の周期と建物の固有周期が一致すると共振して、建物が大きく揺れる。**低い建物は低周期の波と、高層建物は長周期の波と共振して大きく揺れやすい**

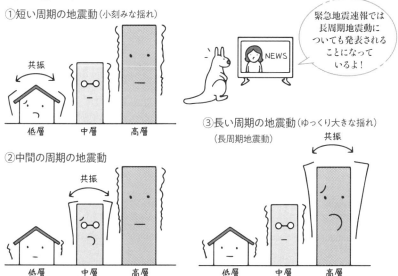

揺れ方は木、S、RCでリズムが変わる

建物の揺れ方は、固有周期または固有振動数で示すことができます。
まずは、固有周期、固有振動数について解説します。

固有周期とは一往復する時間のこと

固有周期とは、**物体が揺れるときに一往復する時間**のことで、一般的には
秒（S）で示す。建物であれば、建物が揺れるときに一往復する時間のこと
となる

A点→B点→A点に戻る（一往
復する）時間が固有周期。固有
周期が長い場合は、ゆっくり大
きく揺れるイメージ、固有周期
が短い場合は、小刻みに揺れ
るイメージである

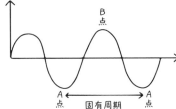

固有周期が長い場
合は、A点どうしの
間隔が離れており、
固有周期が短い場
合は、A点どうしの
間隔が近い。ちなみ
に、グラフの縦軸は
揺れる大きさを示す
「振幅」である

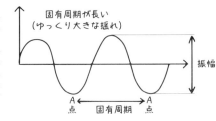

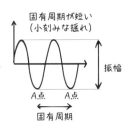

固有周期に影響を与える「質量」と「剛性」

「質量」は揺れる物体の重さのこと、「剛性」は揺れる物体の硬さのことをいう

建物・物体における「固
有周期」は、この「質量」
「剛性」の組み合わせで
決まる。また、「剛性」は、
高さ（長さ）に影響する

高さ（長さ）が長い
　→　剛性は低くなる
高さ（長さ）が短い
　→　剛性は高くなる

高さ
（長さ）

①質量　　質量m大：固有周期長

質量mが大きい
場合、固有周期
は長くなる

質量m小：固有周期短

質量mが小さい
場合、固有周期
は短くなる

②剛性　　剛性k小：固有周期長

剛性kが大きい
場合、固有周期
は長くなる

剛性k大：固有周期短

剛性kが小さい
場合、固有周期
は短くなる

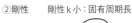

「固有振動数」は固有周期の逆数

固有振動数は、1秒間に物体が振動する回数のことで固有周期の逆数で示す。固有振動数の単位はHz（ヘルツ）。たとえば、固有周期が1秒の場合、固有振動数は1/1秒＝1Hz（1秒間に1往復する）となる

建物の構造種別で固有周期は変わる

建物の固有周期は木造、鉄骨造、鉄筋コンクリート造で変わり、「**質量**」「**剛性**」に影響される（剛性は高さも影響する）

1.「質量」は建物の重さを示し、構造種別では以下のとおり

質量小（軽い）　木造　　＜　　鉄骨造　　＜　　鉄筋コンクリート造　質量大（重い）

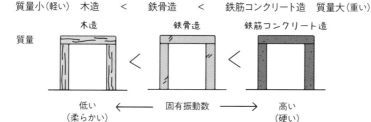

2.「剛性」は建物の硬さで、構造種別で見ると以下のとおり

剛性小（柔らかい）　木造　÷　鉄骨造　＜　鉄筋コンクリート造　剛性大（硬い）

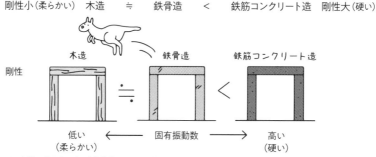

＊ほか、各階の高さ（階高）、建物階数（高さ）も剛性に影響する

3. 構造計算で用いる固有周期の計算式（昭和55年建設省告示第1793号）で、違いをチェック

固有周期 $T = (0.02 + 0.01\,\alpha)\,h$
鉄筋コンクリート造：$\alpha = 0$、木造・鉄骨造：$\alpha = 1$、h：建物の高さ

①計算例：高さ10mの場合

・鉄筋コンクリート造の固有周期
　$T = (0.02 + 0.01 \times 0) \times 10m　＝　0.2$秒
・木造、鉄骨造の固有周期
　$T = (0.02 + 0.01 \times 1) \times 10m　＝　0.3$秒

②計算例：高さが違う場合（木造で比較）

・高さ5m
　固有周期 $T = (0.02 + 0.01 \times 1) \times 5m　＝　0.15$秒
・高さ10m
　固有周期 $T = (0.02 + 0.01 \times 1) \times 10m　＝　0.3$秒
・高さ20m
　固有周期 $T = (0.02 + 0.01 \times 1) \times 20m　＝　0.6$秒

つまり、

同じ高さであれば、鉄筋コンクリート造の固有周期が一番短い（①）
高さが高くなると、固有周期が長くなる（②）

＊建物の仕上げ材料などが重さや剛性に影響する。また、鉄骨造はラーメン構造、
ブレース構造によって剛性の違いが出る

高層ビルや石油タンクを狙い撃ちする揺れ

震源からかなり離れた東京都内の超高層ビルが、地震で大きく揺れる、長く揺れ続ける といった問題が、2011年の東日本大震災で話題になりました。この高層ビルを大きく、 そして長く揺らす揺れのことを「長周期地震動」とよびます。

固有周期の長い建物は長周期地震動でよく揺れる

長周期地震動は、文字のごとく**周期の長いゆっくりとした揺れ**のこと。固有周期の長い（ゆっくり 大きく揺れる）高層ビルは、長周期地震動と共振しやすく、特に、高層階が大きく揺れる。長周期 地震動で大きく長く揺れると、室内の家具などが移動や転倒したり、エレベーターが故障したり する

①短い周期の地震動

②長周期地震動

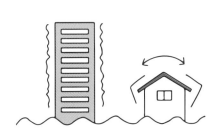

長周期地震動の特徴

一般的に、地震の規模であるマグニチュード が大きいほど長周期の揺れが大きくなる。また、 短い周期の地震動に比べて、**長周期地震動は 遠くまで伝わる特性**がある。長周期地震動は **軟弱な表層地盤でよく伝わり、かつ長周期の 揺れは増幅される**

破壊の継続時間
断層の大きさ

より長く
より大きく

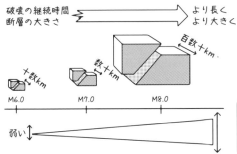

M6.0　十数km
M7.0　数十km
M8.0　百数十km

弱い

長周期地震は
遠くでも
弱まりにくい

長周期地震は階級で被害状況を示す

長周期地震動は、その揺れ方と被害状況に応じて「長周期地震動階級」が定められている。長周期地震動階級では、**固有周期1.5秒から8秒程度までの高層ビルを対象**に、長周期地震動により発生する可能性のある被害状況を示している

階級1
- 室内にいたほとんどの人が揺れを感じる。驚く人もいる
- ブラインドなど吊り下げものが大きく揺れる

階級2
- 室内で大きな揺れを感じ、物につかまりたいと感じる。物につかまらないと歩くことが難しいなど、行動に支障を生じる
- キャスター付きの家具類等がわずかに動く。棚にある食器類、書棚の本が落ちることがある

階級3
- 立っていることが困難になる
- キャスター付きの家具類などが大きく動く。固定していない家具が移動することがあり、不安定なものは倒れることがある

階級4
- 立っていることができず、はわないと動くことができない。揺れにほんろうされる
- キャスター付きの家具類等が大きく動き、転倒するものがある。固定していない家具の大半が移動し、倒れるものもある

長周期地震動による石油タンクの被害

長周期地震動による被害は、高層ビルだけではなく、石油タンクにも起きる。長周期地震動で石油タンクの被害が出た地震として知られているのが、平成15年（2003年）十勝地震。十勝地震はM（マグニチュード）8.0、最大震度6弱の地震で、十勝地震の長周期地震動により、震源から250km離れた苫小牧市の石油コンビナートで**スロッキング**［※］が発生した。石油タンク内の液体で発生し、石油タンクの屋根を破壊したり、破壊時の摩擦力で火災が発生したりすることもある。長周期地震動は、思わぬところで被害が出るのだ

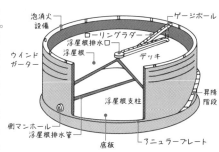

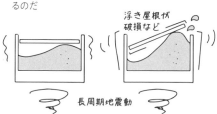

長周期地震動

スロッキングは、お風呂で再現できる。湯船に入って体を前後に揺らすと、体の揺れで湯が波打ってくる。その波打つ湯に体の揺れを合わせると、共振して大きなうねりが発生。そのうねりは、湯船からお湯があふれ出すほど大きくなる。これがスロッキングである

※ 液体を入れた容器が揺れることで液体表面がうねる現象をいう。地震の揺れと液体が共振することで大きなうねりが発生する

大きな地震に名前がつくワケ

各地で発生する地震、大きなものから小さなものまでありますが、被害が大きい大地震には「名前」がついています。地震に名前がつく基準、存在するんです。

地震に「名前」をつける基準

1. 地震の規模が大きい場合

- 陸域（人が住む陸地の直下で発生する地震）では、
  - →マグニチュード7.0以上（震源の深さ100mよりも浅い）
    - かつ、最大震度5強以上
- 海域（海底で発生する地震）では、
  - →マグニチュード7.5以上（震源の深さ100mよりも浅い）
    - かつ、最大震度5強以上、または、津波の高さが2m以上

2. 顕著な被害が発生した場合

→全壊家屋100棟程度以上の家屋被害、相当の人的被害など

3. 群発地震で被害が大きかった場合　など

地震の名前の付け方

原則として「元号年＋地震情報に用いる地名＋地震」となる。2004年の新潟県中越地震以降、名前のついた地震は以下のとおり

平成16年（2004年） 新潟県中越地震	平成16年10月23日	「新潟県中越大震災」とも。川口町（現：長岡市）で震度7。規模の大きな山崩れや岩盤崩壊が発生し、道路が寸断。河道閉塞も発生
平成19年（2007年） 能登半島地震	平成19年3月25日	家屋等の被害や山崩れが発生
平成19年（2007年） 新潟県中越沖地震	平成19年7月16日	家屋等の被害のほか、山崩れにより鉄道が寸断
平成20年（2008年） 岩手・宮城内陸地震	平成20年6月14日	家屋等の被害のほか、大規模な山崩れや河道閉塞が発生
平成23年（2011年） 東北地方太平洋沖地震	平成23年3月11日	「東日本大震災」。栗原市（宮城県）で震度7。東北地方を中心に、津波による大きな被害が発生。長周期地震動や液状化現象による被害も
平成28年（2016年） 熊本地震	平成28年4月14日	益城町（熊本県）（4月14日、4月16日）、西原村（熊本県）（4月16日）で震度7。家屋等の被害のほか、大規模な山崩れが発生
平成30年 北海道胆振東部地震	平成30年9月6日	厚真町（北海道）で震度7。厚真町を中心に多数の山崩れ、道内で大規模停電

地震の「名前」は、気象庁がつける名称とは別に、政府が決めることも

気象庁：地震を自然現象としてとらえる
　　　　表記は元号年＋地震情報に用いる地名＋地震の組み合わせ
　　　　例：平成16年（2004年）新潟県中越地震、平成23年（2011年）東北地方太平洋沖地震

政府　：地震を災害としてとらえる
　　　　例：新潟県中越大震災、東日本大震災

自然災害等の名前や、台風、火山の名前を決める基準は、気象庁のホームページでわかるよ

※ 表以外にも、平成30年の西日本豪雨、令和2年の熊本豪雨など、後世への伝承の観点から、各地で独自に定められた災害、自然現象の名前がある

地震は天災なのか？

そもそも地震被害は「天災」だと思っていませんか？ 広辞苑によると、天災とは「自然界の変化によって起こる災害」とあります。素直に受け取れば、地震被害は天災かもしれません。しかし、建物の耐震性能を高く設計し、確実に施工、そして耐震性能を維持させる（耐久性）、ここをしっかりおさえておけば、建物は倒壊せず、人命は守られます。その視点から、地震被害の大半は「人災」だと思います。そこで、人災を調べてみました。

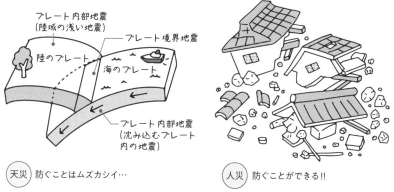

天災 防ぐことはムズカシイ…　　人災 防ぐことができる!!

人災（広辞苑より）、「人間の怠慢、過失、不注意などが原因となって起こる災害。天災の被害が、防災対策の不備や救援の遅延などで増幅された場合にもいう」とあります。注目すべきは「**天災の被害が、防災対策の不備や救護の遅延などで増幅された場合にもいう**」、耐震性能を高くしない建物の倒壊、施工不良による倒壊、建物の劣化による耐震性能低下による倒壊など、これはまさに「**人災**」です

2011年、東日本大震災の津波被害、2018年、北海道胆振東部地震による土砂災害は「天災」といえますが、建物倒壊、ブロック塀の倒壊による被害は、やはり「人災」です。「人災」であれば、「被害を防げる」ということです。自然現象である地震の発生を防ぐことはできません。いつどこで、どれくらいの規模で発生するのかを予知することもできません。しかし、地震発生による建物倒壊、ブロック塀の倒壊は防ぐことはできます。新築の住宅であれば、耐震等級3とする。既存住宅であれば、耐震補強する。これで、かなりの「人災」は防げるはずです。地震被害を諦める必要はないのです

液状化の危険性を確認する方法

液状化判定はさまざまありますが、ここでは木造住宅を対象とした簡易判定を解説します。**木造住宅の簡易液状化判定は、広域的情報として「液状化の可能性がある地形区分」と「液状化ハザードマップ」、個別敷地の情報として「地盤調査結果（SWS試験結果）」からの簡易判定で行います。**

「液状化の可能性がある地形区分」の使い方

建設地の「**地形区分**」により、液状化の可能性が**大、中、小**で分けられている。建設地の地盤がどこに当てはまるかを確認する。この「地形区分」は、地盤調査結果に記載されている

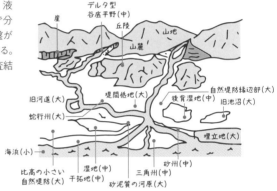

液状化の可能性：大	自然堤防縁辺部、比高の小さい自然堤防、蛇行洲、旧河道、旧池沼、砂泥質の河原、砂丘末端緩斜面、人口海浜、砂丘間低地・堤間低地、埋立地、湧水地点、盛土地
液状化の可能性：中	デルタ型谷底平野、緩扇状地、自然堤防、後背低地、湿地、デルタ、砂洲、干拓地
液状化の可能性：小	扇状地型谷底平野、扇状地、砂礫質の河原、砂礫洲、砂丘、海浜

「液状化ハザードマップ」の使い方

ハザードマップとは、自然災害による被害を予測し地図化したもの。自治体による液状化マップをインターネットでも確認できるようになってきた。この液状化ハザードマップには、「液状化の発生する可能性を示したもの」と、「過去の液状化を記した液状化履歴を示したもの」がある。基本的に液状化は繰り返し発生するため、液状化履歴があれば、こちらも確認してほしい

液状化の可能性を「可能性」、「危険度」などの表現で示しているけれど、これはあくまでも液状化の発生する可能性を示しているもの。沈下などの被害の大小を示しているわけではないよ。だから、液状化の危険度低めでも油断せず対策を考える必要があるし、液状化の危険度高めでも、過度に怖がることはないんだよ

液状化の危険性を確認する方法の実践

1.「地盤調査結果（SWS試験結果）」から液状化層と非液状化層を確認 (個別敷地の情報)

①地下水位を確認する。SWS試験結果には▼で地下水位の位置が示されているので、これを確認する。次に、地下水位より深い部分の土質を確認する

②GLから5mまでの地盤で、「非液状化層H1」と「液状化層H2」を見つける。非液状化層は液状化しない部分で、液状化層は液状化する部分。この割合を調べる

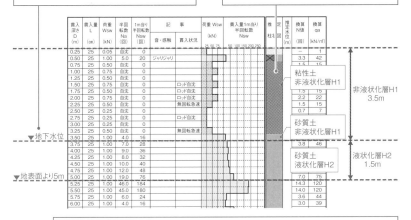

貫入深さ D (m)	貫入量 L (cm)	荷重 Wsw (kN)	半回転数 Na (回)	1m当り半回転数 Nsw (回)	記事 音・感触	記事 貫入状況	荷重 Wsw (kN)	貫入量1m当り半回転数 Nsw	換算N値 (回)	換算qa (kN/m)
0.25	25	0.05	自沈						ー	1
0.50	25	1.00	5.0	20	ジャリジャリ				3.3	42
0.75	25	0.50	自沈	0					ー	ー
1.00	25	0.75	自沈	0					ー	ー
1.25	25	0.50	自沈	0					ー	ー
1.50	25	0.75	自沈	0		ロッド自沈			1.5	15
1.75	25	0.50	自沈	0		ロッド自沈			2.2	22
2.00	25	0.75	自沈	0		ロッド自沈			1.5	15
2.25	25	0.50	自沈	0		無回転急速			0.7	7
2.50	25	0.25	自沈	0						
2.75	25	0.25	自沈	0		ロッド自沈				
3.00	25	0.25	自沈	0						
3.25	25	0.50	自沈	0		無回転急速				
3.50	25	1.00	4.0	16					3.8	46
3.75	25	1.00	7.0	28						
4.00	25	1.00	9.0	36						
4.25	25	1.00	8.0	32						
4.50	25	1.00	10.0	40						
4.75	25	1.00	12.0	48					7.0	75
5.00	25	1.00	19.0	76					14.3	120
5.25	25	1.00	46.0	184					14.0	120
5.50	25	1.00	45.0	180					3.6	44
5.75	25	1.00	6.0	24					3.0	39
6.00	25	1.00	4.0	16						

▼地下水位

▼地表面より5m

粘性土 非液状化層H1

砂質土 非液状化層H1

砂質土 液状化層H2

非液状化層H1 3.5m

液状化層H2 1.5m

「液状化層H2」は「地下水位より深い部分にある砂質土」。よって、地下水位より浅い部分は砂質土でも液状化層ではない。また、地下水位より深い粘性土も液状化層ではない。液状化層H2がわかったら、残りが、「非液状化層H1」となる

2. 表を使って簡易判定を行う

非液状化層H1と液状化層H2がわかったら、表を使い液状化の可能性を探る

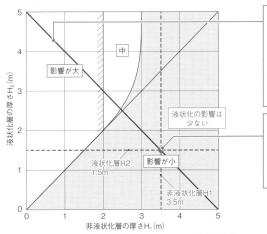

影響が大
中
影響が小
液状化の影響は少ない

液状化層H2 1.5m
非液状化層H1 3.5m

液状化層の厚さH₂ (m)
非液状化層の厚さH₁ (m)

表の左上（H_1：0m、H_2：5m）と右下（H_1：5m、H_2：0m）を結ぶ直線上に必ず結果が現れる。この右下がりの直線から外れた結果が出た場合は、H_1とH_2のとり方を間違えていると思われるので、注意のこと

表の横軸が非液状化層H_1の深さ（m）、縦軸が液状化層H_2の深さ（m）を示す。その交点が液状化の影響大、中、小で示された結果となる

判定は液状化の影響が大きい1測点でよいのですが、慣れるまでは5測点［※］すべてで判定することをオススメします

※ 通常は敷地四隅と中心の5カ所

液状化のメカニズム

地震による「液状化」では、地盤が沈下したり地盤から水が吹き出すなど、さまざまな現象が発生します。

イメージと実際の液状化

液状化をイメージさせる実験として、右図のようにバケツに水を入れて、バケツを叩いて振動を与えるものがある。この実験で起きている現象は、

①振動が発生(地震発生)
②砂が密に重なり高さが下がる(地盤沈下)
③地盤沈下により水が表面に現れる(液状化)

砂

水

水は砂よりちょっと少なく

バケツ

③水が表面に現われれる

①振動を与える

②振動による砂が密に重なり、高さが低くなる

では実際の液状化現象を見てみよう

ゆるく堆積した状態の砂地盤は安定しているが、地下水位が高く、砂の隙間には水がある[※]

でも実際の水位は地表から3m下など、実際の液状化とは異なる部分があるんだよ

たとえば3m深いところに水がある
▽地下水位
緩く堆積した砂質土

間隙水
ゆるく堆積した砂質土

安定している状態

水圧上昇

地震発生
地震の揺れで砂の隙間が変形し、間隙水の圧力が上がる

水圧により砂どうしの結びつきが解けて、砂は間隙水の中を浮遊する

浮遊する砂はすぐに沈む。沈むときに今まであった隙間はなくなる

▽地下水位

水だけの層ができる

水だけの層で、上の土を支えることができないため、地下水位より上の土は沈下。建物も沈下する

建物沈下
水は四方へ移動

水と砂が飛び出る噴砂

水が噴き出す
中空のマンホールは浮力で飛び出る

※ 砂の隙間にある水を間隙水(かんげきすい)という

液状化を防ぐ方法

液状化の簡易判定により液状化する可能性が見えたら、液状化対策を行います。液状化対策は大きく2つあります。「液状化をさせない対策」と「液状はするけれど建物を沈下させない対策」です。

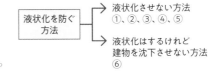

液状化を防ぐ方法 → 液状化させない方法 ①、②、③、④、⑤
→ 液状化はするけれど建物を沈下させない方法 ⑥

液状化対策例

「液状化をさせない対策」とは、間隙水圧の影響を受けないようにすること(①~⑤)。地盤自体の対策であり、個別(敷地)の対策となるのでかなり難しく、費用もかさむ場合が多い。「液状化はするけれど建物を沈下させない対策」とは、液状化層より深い支持地盤迄柱状改良や杭を施工する対策のこと(⑥)。液状化発生後は、建物の下や周囲が地盤沈下するので、基礎下に土を埋め戻す必要はあるが、初期費用は抑えられる

①地下水位を低くする

地下水位を非液状化水位まで下げるため、水を抜く

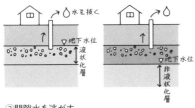

②薬液で固める

地下水位が上昇しないように薬液を注入して地盤改良する

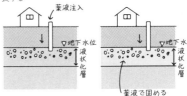

③間隙水を逃がす

間隙水圧が上がったら、水を逃がすなどにより間隙水圧による影響をなくす

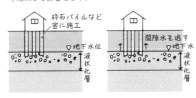

④砂杭で締め固める

衝撃荷重または振動によって地盤中に砂を圧入して密な砂柱群を造成

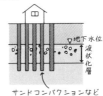

⑤地盤を細区分する

矢板や柱状改良などで地盤を個別敷地ごとに区分け、大規模な変形を防ぐ

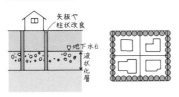

⑥柱状改良や杭による支持

液状化層より深い支持地盤まで柱状改良や杭を施工し、液状化して地盤が沈下しても建物の沈下を防ぐ

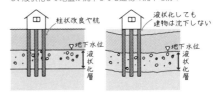

予防は無駄になること自体がラッキーなこと

建物の耐震性能を高めることは「予防」です。もし、大地震が発生した場合、建物が倒壊、崩壊せず、さらに、住み続けることができるように耐震等級3を予防策として推し進めています。

この予防策である耐震等級3は、構造計算と工事費のアップでも、さほど大きな費用はかからないはずです。しかし、大地震が発生する確率は低いことから、耐震等級3は無駄といった反対意見もあります。そこで考えてほしいことは、「予防」することに対して無駄になることは、ある意味ラッキーなことだということ

耐震等級 1
（法律ギリギリの耐震性能の家）

+100万円
くらい
（延床面積
35坪程度）

ムダ？

もったいない？

耐震等級 3

たとえば、車にエアバッグを取り付けて、事故を起こさなかったらエアバッグは無駄と考えるのでしょうか？　問題は起きないほうがラッキーですが、万が一、怖いこと、嫌なことが起きた場合に備えて予防すべきです。土砂災害や水害の発生する地域での避難勧告は、何事も起こらなかったら避難することは無駄でしょうか？　避難自体は無駄になっても、土砂災害も水害も発生しなかったのですから、無駄になることはラッキーなことといえます

最新の安全
装備の車!!

立派なエアバッグが
ついているのに使わない
のはもったいない？

万が一の事故のために
取り付けるエアバッグ
使わないこと＝無事故
この方がラッキー
じゃないかな

心理学的に、人は損をすることを強く嫌います。その心理的効果が「耐震等級3にして無駄になったら損」となります。「建物にも命にも危険があり、住み続けることができなくなる」「建物も命も守り、住み続けることができる」どちらが損でしょうか？
耐震等級3が必要とならない状況、大地震が起きなければラッキーなこと、そう考えるようにしませんか

地震が
来なかったら
ムダになる？

地震が来ても
住み続けられる
家がほしい

第 8 章

空間をつくる

建物の基本は、安全で快適な空間をつくること。

この空間をつくる技術は建築の歴史を紐解くと見えてきます。

先人の知恵が織りなす空間構成は、脈々と受け継がれ現代の最新技術へ。

構造とデザインの融合「構造美」を楽しんでください！

石やレンガを積み上げる組積造

組積造とは文字のごとく、石やレンガなどを積み上げてつくる
建築物の構造のことです。エジプトのピラミッドは組積造とし
て有名で、四角錐状に石を組み上げた組積造の建物です。

モルタルや鉄筋でちょっとだけ水平荷重に対応

ピラミッドのような四角錐の形状は、構造上安定している。し
かし、一般的な組積造の建物は、石やレンガを垂直に積み上げ、
壁を構成するもの。そのため、**組積造は鉛直荷重には強いが、
地震力や強風などの水平荷重に強いとはいえない**。そのため、
組積造はレンガどうしをモルタルでつないだり、中心に鉄筋を
通して一体化するよう発展してきた

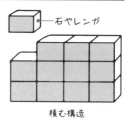

石やレンガ

積む構造

組積造は石やレンガだけじゃない

石やレンガによる組積造
は、木材が手に入りにく
い中東などで広がった。
組積造というと、石やレ
ンガのイメージがあるが、
木材でも組積造は存在
する。たとえば、丸太を
積み上げた**ログハウス**、
日本では木材を井桁状
に組んだ**校倉造**は組積
造である

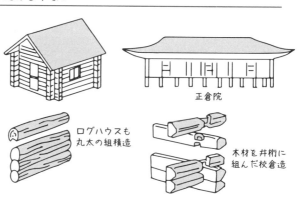

正倉院

ログハウスも
丸太の組積造

木材を井桁に
組んだ校倉造

日本の3匹のこぶたは何造を選ぶ?

童話で有名な3匹のこぶたでは、わらの家、木の
家、レンガの家が出てきます。オオカミは、わらの
家は吹き飛ばし(風圧力に弱い)、木の家には火を
つけ(火災に弱い)ましたが、レンガの家は吹き飛
ばすことも火をつけることもできませんでした。
組積造が一般的に用いられる地域では組積造が
最も強いとの想定ですが、地震が多く、木が豊富
で容易に手に入る日本で、同じような童話が書か
れたら、どの家が一番良いとされるのか……考え
ると面白いかもしれません

地震の多い日本では、
地震に一番強い木造を
選ぶかも……

組積造の発達した地域では、組積造(レン
ガ造り)が最もよい(強い)家とされている

組積造は開口部や屋根を設けるのが難しい

石やレンガの組積造は、垂直に積み上げる壁をつくることは容易にできたが、斜めや水平に構成される屋根、窓や出入り口などの開口部は難しかったと思われる

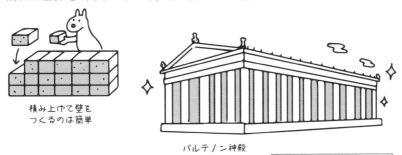

積み上げて壁を
つくるのは簡単

パルテノン神殿

大きい石が必要

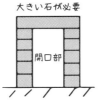

開口部

窓や出入り口は幅（スパン）が小さいため、当初は大きめの石を横向きに積んで開口部としていた

大きな石は確保が難しく、積み上げにも手間がかかるため、小さな石を開口部状に積み上げた門型構造のアーチが用いられるようになった

アーチ

大きな空間を構成する屋根を組積造でつくるのは難しく、パルテノン神殿の頃から屋根だけを木造としてきた

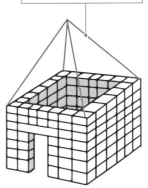

組石造で屋根を設ける

組積造が進化するにつれ、**ヴォールト**、**ドーム**など、**屋根の組積造**が生み出された。大まかには下のイメージ

ヴォールト
アーチをもとにした曲面天井の総称

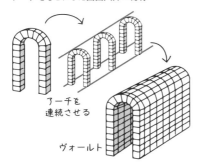

アーチを
連続させる

ヴォールト

ドーム
アーチを回転させた構造

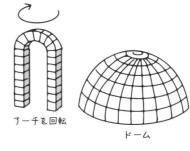

アーチを回転

ドーム

小さな部材で構成するアーチ

組積造の開口部は、石を横向きに積むことでつくれますが、細長い石が必要、石が大きくなるため重いなどの理由から、大きな開口部をつくるのは大変でした。そこで、小さな石やレンガで大きな開口部をつくる技術として「アーチ」が生まれました。

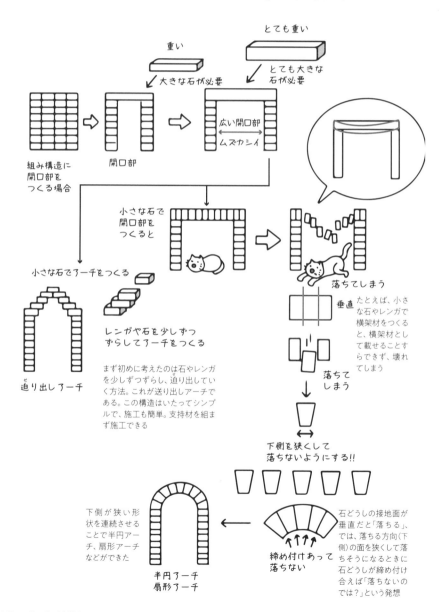

組み構造に
開口部を
つくる場合

開口部

広い開口部
ムズカシイ

重い
↓ 大きな石が必要

とても重い
↓ とても大きな
石が必要

小さな石で
開口部を
つくると

落ちてしまう

小さな石でアーチをつくる

レンガや石を少しずつ
ずらしてアーチをつくる

まず初めに考えたのは石やレンガ
を少しずつずらし、迫り出してい
く方法。これが送り出しアーチで
ある。この構造はいたってシンプ
ルで、施工も簡単。支持材を組ま
ず施工できる

迫り出しアーチ

垂直　たとえば、小さ
な石やレンガで
横架材をつくる
と、横架材とし
て載せることす
らできず、壊れ
てしまう

落ちて
しまう

下側を狭くして
落ちないようにする!!

締め付けあって
落ちない

石どうしの接地面が
垂直だと「落ちる」、
では、落ちる方向(下
側)の面を狭くして落
ちそうになるときに
石どうしが締め付け
合えば「落ちないの
では?」という発想

下側が狭い形
状を連続させる
ことで半円アー
チ、扇形アーチ
などができた

半円アーチ
扇形アーチ

アーチのつくり方

施工にあたり支保工（しほうこう）とよばれる支持材を先につくり、その上に石やレンガを組む。最後に頂部のキーストーン（要石（かなめいし））を差し込むことでアーチは動かなくなり、支保工を取り外す

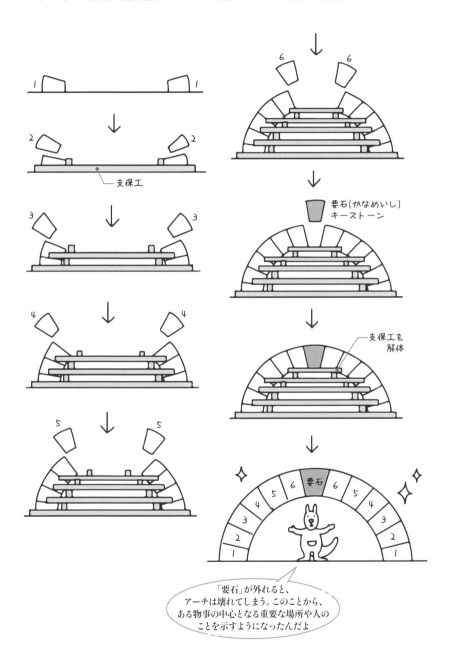

支保工

要石（かなめいし）
キーストーン

支保工を
解体

要石

「要石」が外れると、
アーチは壊れてしまう。このことから、
ある物事の中心となる重要な場所や人の
ことを示すようになったんだよ

カテナリー曲線のアーチは圧縮力のみ作用する

アーチを考えるにあたり、もう一つヒントになるのが**カテナリー曲線**。鎖の両端をもってたるませると、自然な曲線ができる。この曲線をカテナリー曲線という

鎖の自然なたるみ
カテナリー曲線

カテナリー曲線の鎖には自重による鉛直方向の荷重が作用している。そして、鎖を構成している「輪」どうしには「引張力」のみ作用している

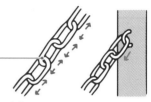

お互いに
「引っ張る力」
が作用している

端部も
引っ張る力が
作用している

カテナリー曲線を
さかさまにすると……

このカテナリー曲線を逆さまにしたのが「アーチ」。アーチに作用するカテナリー曲線と形状的に逆向きになるため、アーチを構成する石どうしには「圧縮力」のみ作用することになる。そのため、圧縮力に強い石やレンガは、アーチに向いている材料と言えるのだ

お互いに
「押す力(圧縮力)」
が作用している

端部も圧縮力
が作用している

アーチ足元の広がりを抑える

アーチにより開口部は構成できるが、アーチの足元では「外側に広がろうとする力(スラスト)」が作用する。この「外側に広がろうとする力」がイメージできない場合は、再度、カテナリー曲線で考えてみよう

鎖の自然なたるみ
カテナリー曲線

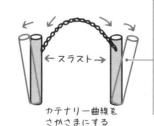

←スラスト→

カテナリー曲線を
さかさまにする

カテナリー曲線の鎖が重い、または鎖に大きな力を作用させると、鎖を支える支柱が内側に倒れようとする。この真逆の力がアーチには作用するため、アーチの足元は外側に広がる。そのため、アーチの足元には広がり防止の措置が必要となる

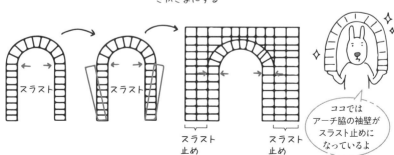

スラスト

スラスト

スラスト
止め

スラスト
止め

ココでは
アーチ脇の袖壁が
スラスト止めに
なっているよ

アーチが連続したヴォールト

ヴォールトとは、アーチを連続させた形状の構造物です。アーチは小さな部材で広い開口部をつくる技術として生まれてきましたが、この技術を応用して「屋根」を構成したものがヴォールトのイメージです。アーチは2次元の開口部ですが、3次元に展開していくと屋根形状になります。

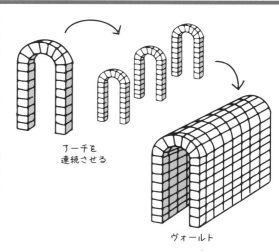

アーチを
連続させる

ヴォールト

ヴォールトの基本種類と特徴

円筒ヴォールト
ヴォールトの中でも最も単純な形状が半円のアーチを連続させトンネル状にした「円筒ヴォールト」。大きなスパンを持つ構造物でも、円筒ヴォールトであれば、中央に支柱を設置することなく、安定した構造を実現できる

交差ヴォールト
円筒ヴォールトを直行させて交差させると「交差ヴォールト」となる。円筒ヴォールトの発展型

円筒ヴォールトは、その形状から、荷重が均等に分散されるため、強度が高く、天井や屋根に張力がかからない

複数のアーチが交差することによって、荷重を均等に分散し、建物や構造物の強度を高めることができる

円筒ヴォールト

交差ヴォールト

リブヴォールト

ヴォールトの内側に肋骨（リブ）を入れたものが「リブヴォールト」。
交差ヴォールトをより補強する、施工しやすくするために、リブ
が入っている。リブがアーチになり交差して配置し［①］、そのリ
ブどうしの間のスペースにはレンガなどを配置する［②］。リブヴ
ォールトの誕生で、高くて薄い壁の建築が可能となった

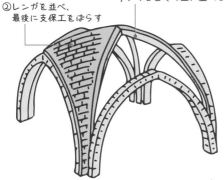

①木で支保工（支持材）を組み、
　リブの石をその上に並べる

②レンガを並べ、
　最後に支保工をばらす

レンガは1つの面の
両側から積んでいき、
天頂部でその隙間を埋めていく

リブヴォールトのリブとなるアーチには、半円型の「**半円アーチ**」とアーチ頂部を尖らせた「**尖頭
アーチ**」がある。上部が尖った形状をしている尖頭アーチは、半円アーチよりもスリムでシャー
プな印象を与えるため、美しさと構造的な機能性を兼ね備えている

円形アーチ

尖頭アーチ

リブヴォールトのリブは、2方向で交差し、
屋根を4分割するだけではなく、3方向で
交差し、屋根を6分割する形状もある

ヴォールトの発展型

アーチを連続させる形状から発展したヴォールトには、その美しい形状を現在の建築構造に発展させたものの1つに「シェル構造」があります。シェル構造とは、薄い曲面板で構成されたもので、梁または平板を曲線や曲面にすることで、**曲げモーメントを面内圧縮力または引張力に変え、荷重に耐える構造**です。主なシェル構造として、「EPシェル」、「HPシェル」、「球形シェル」などがあります。

EPシェル

縦横の断面が放物線になっているシェル構造。放物線や懸垂線のように、重力に基づくカーブで構成されたシェルは、鉛直荷重が圧縮応力として曲面内を伝わるため、合理的な構造と言える

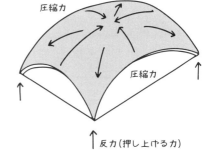

圧縮力

圧縮力

圧縮力

反力（押し上げる力）

HPシェル

縦横の断面が、上向きと下向きの双曲線で構成されたシェル構造。形状は曲面に見えるが、直線部材で格子状に組み、そのグリッドに沿って面材を張ることで、構造用合板などの平板を用いることができる

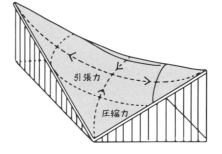

引張力

圧縮力

木造のHPシェル構造として、東京大学の弥生講堂アネックスが有名

球体シェル

球面形状のシェル構造で、曲面は曲率が同じであるため、どの平面で切断しても切断面は円になる合理的な構造

代表的な建物として、シドニーのオペラハウスがある

アーチが回転したドーム

ドームは、アーチを回転させた形状の構造物です。屋根を石やレンガの組積造とするドームは、ドームそのもののつくり方と、ドームの土台部分の組積造の壁との取り合いに、さまざまな工夫があります。

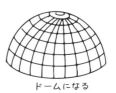

アーチを回転　　　ドームになる

ドームの基本種類と特徴

迫り出しドーム
迫り出しアーチ（持ち出しアーチ）［142頁］の手法でつくる。構造がシンプルなので、支保工（支持材）なしで施工できる

迫り出しアーチ　　迫り出しドーム

アーチ応力ドーム
アーチの応用でつくる。アーチ同様に支保工（支持材）が必要で、キーストーン（要石）を差し込むことで、ドームが安定する［143頁］

アーチ　　　　アーチ応力ドーム

多角形ドーム
一般的には円錐形となるドームを、多角形としたドームもある。円錐形よりはつくりやすい構造で、8角形や10角形などがある

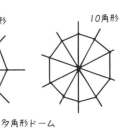

8角形　　10角形

多角形ドーム

二重ドーム
ドームを二重に構成したものが、二重ドーム。構造的には、**外側のドームに屋根荷重、内側のドームに天井荷重を負担させることができるため、荷重分散ができる。**ドームの形状を変えて、荘厳に、豪華に見せる演出も可能となる

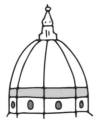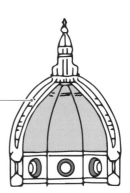

ドームは型枠不要の迫り出しドーム工法。内側と外側の2重にして軽くした隙間は、工事作業に使われ、現在は頂上に行くための通路となっていたりする

ドームと土台壁との取り合い

ドームが円錐状なので、ドームの土台となる組積造の壁も円形が基本と思われがち。しかし四角形の組積造の壁を土台として、円錐型のドームを載せる建物が多く存在する。この、円錐型のドームを四角形の壁（ドームの土台）の上に載せるのは意外と厄介である

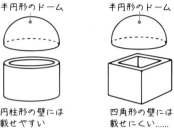

半円形のドーム

半円形のドーム

円柱形の壁には載せやすい

四角形の壁には載せにくい……

円錐形のドームと四角形の壁の組み合わせ方は、四角形の壁の内側にドームが接するパターン（内接）と四角形の壁の外側にドームが接するパターン（外接）、の2通り。しかし、どちらのパターンも、ドームと四角形の壁が接する部分が小さく、その接点にドームの重さが集中してしまう

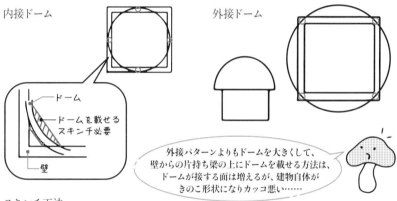

内接ドーム

外接ドーム

ドーム

ドームを載せるスキンチ必要

壁

外接パターンよりもドームを大きくして、壁からの片持ち梁の上にドームを載せる方法は、ドームが接する面は増えるが、建物自体がきのこ形状になりカッコ悪い……

スキンチ工法

そこで生み出されたのが、**内接する四角形の壁のコーナー部分を斜めにカットしてアーチ壁を設けるスキンチ（火打ち梁）工法**。これにより、ドームと接する部分を多くしてドームの重さを分散し、効率よくドームを支えることができるようになった

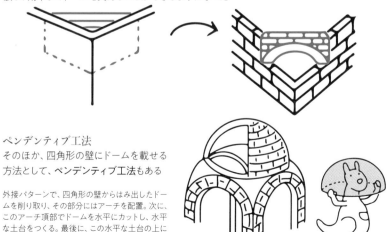

ペンデンティブ工法

そのほか、四角形の壁にドームを載せる方法として、**ペンデンティブ工法**もある

外接パターンで、四角形の壁からはみ出したドームを削り取り、その部分にはアーチを配置。次に、このアーチ頂部でドームを水平にカットし、水平な土台をつくる。最後に、この水平な土台の上にドームをつくる

スラストを止める方法

アーチやヴォールト、ドームで問題となるのが**開く力(スラスト)**です。

アーチの袖壁からフライング・バットレスへ

①アーチではスラストを抑えるため、アーチの両脇に袖壁を設置。**アーチ脇のスラストを止める袖壁(バットレス)**が必要なため、開口部の位置や幅が制限された

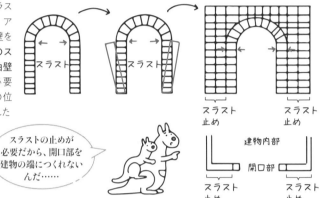

スラストの止めが必要だから、開口部を建物の端につくれないんだ……

フライング・バットレスによるスラスト対策

②ヴォールトの開口部を大きくするため、スラスト止めの袖壁(バットレス)は建物の外側に配置するようになった

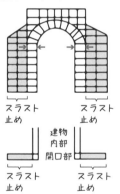

③建物外観に見えてくるヴォールトの控え壁をスッキリとかっこよくしたものが、**フライング・バットレス**である

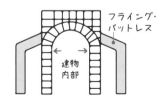

フライング・バットレス

建物内部

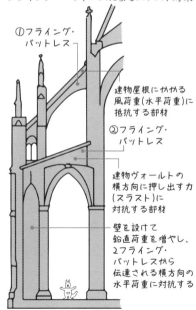

①フライング・バットレス

建物屋根にかかる風荷重(水平荷重)に抵抗する部材

②フライング・バットレス

建物ヴォールトの横方向に押し出す力(スラスト)に対抗する部材

壁を設けて鉛直荷重を増やし、2フライング・バットレスから伝達される横方向の水平荷重に対抗する

フライング・バットレスは力の伝達に特化して効率的に設けられた支え。バットレスよりも軽く、費用効率の高い建築構造となっている。これにより高い位置の壁に窓が設置できるようになり、ゴシック建築のデザイン要素となっている

ドームのスラスト対策

ドームの下側を分厚くしたり、二重ドームにしてドーム下側を輪状にしたりして、ドームのスラストを止める形状もある

ドーム

二重ドーム

ドーム部分

この部分を
厚くして
スラストを
止めている

外観もカッコ
よくなる

木造屋根にも起きるスラスト

スラストは単純な屋根構造でも作用する。たとえば、2本の棒を斜めに組んで屋根をつくる場合、下側が開くように潰れてしまう。そこで、スラストを止める必要がでてくる

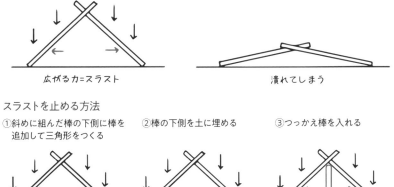

広がる力=スラスト

潰れてしまう

スラストを止める方法

①斜めに組んだ棒の下側に棒を
　追加して三角形をつくる

②棒の下側を土に埋める

③つっかえ棒を入れる

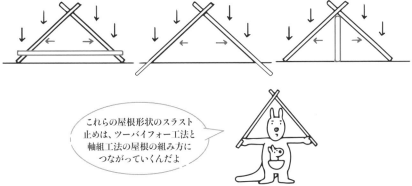

これらの屋根形状のスラスト
止めは、ツーバイフォー工法と
軸組工法の屋根の組み方に
つながっていくんだよ

空間は梁で決まる

木造や鉄骨造、鉄筋コンクリート構造で空間をつくるとき、柱の上に**横架材**である梁を架けます。空間は、**梁のスパン**（柱と柱の間隔）と**強度**で決まってきます。効率よく、梁で空間をつくるには、梁の架け方や、梁にかかる荷重設定が重要になります。

梁は短辺方向に架けるのが基本

梁を架けるとき、空間の**短辺方向に架けると経済的な梁断面**になる。長辺方向に架けると梁のスパンが大きくなり、大きな梁断面になってしまう

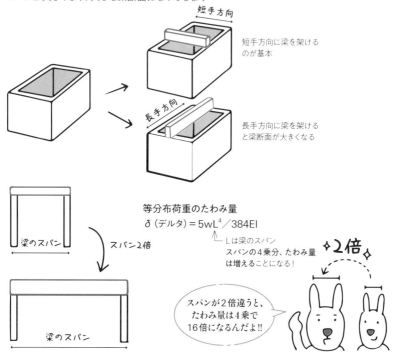

短手方向

短手方向に梁を架けるのが基本

長手方向

長手方向に梁を架けると梁断面が大きくなる

梁のスパン

スパン2倍

梁のスパン

等分布荷重のたわみ量

$$\delta（デルタ）＝5wL^4 / 384EI$$

└ Lは梁のスパン
スパンの4乗分、たわみ量は増えることになる！

✦2倍✦

スパンが2倍違うと、たわみ量は4乗で16倍になるんだよ!!

屋根の形状を考えると、屋根は短辺方向に勾配を取る場合が多い。そのため、屋根の垂木材や屋根材を短辺方向に配置することに。つまり、梁と垂木が同じ方向になってしまう……

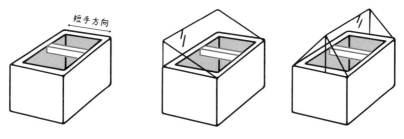

短手方向

母屋、小梁で屋根の架け方を解決する

一般的には、屋根の垂木や屋根材を受けるために、長辺方向に母屋や小梁を配置。小梁などを配置することで、梁で組んだ空間自体もしっかり固まる

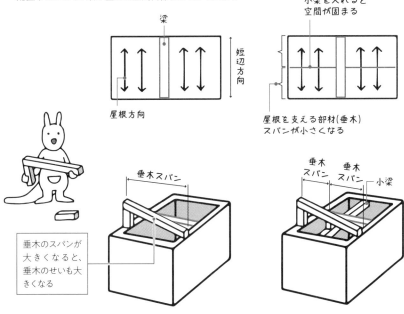

梁

短辺方向

屋根方向

小梁を入れると空間が固まる

屋根を支える部材（垂木）
スパンが小さくなる

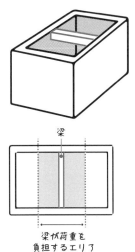

垂木スパン

垂木のスパンが大きくなると、垂木のせいも大きくなる

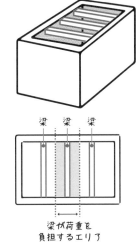

垂木スパン　垂木スパン　小梁

1本の梁が負担する荷重で考える

梁の断面を決める計算では、1本の梁が受け持つ荷重（負担荷重）を決める。梁が受け持つ荷重の考え方はとてもシンプルで、**荷重は均等に流れる**

1.梁が1本の場合

梁

梁が荷重を負担するエリア

2.梁を増やした場合

梁　梁　梁

梁が荷重を負担するエリア

梁の断面を小さくしたい場合は、梁の負担荷重を減らす。梁の本数を増やし、梁のピッチ（平行に並ぶ間隔）を小さくすることで負担する荷重も減る

大空間はトラスで対処する

梁を架けて空間を構成するときの問題点は、大空間がつくれないということです。梁断面を大きくしても、大空間はなかなか難しいです。

①木造の場合
梁材として使える木の長さは、山で育つ木の長さで決まる（無垢材の場合）。製造限界長さの集成材であれば、無垢材よりも長い梁がつくれるが、工場から施工現場まで運搬する際に限界となる長さがある

②鉄骨造の場合
鉄骨造も同様で、長い梁はつくれても、施工現場までの運搬に限界がある

③鉄筋コンクリート造の場合
鉄筋コンクリート構造であれば現場施工なので、いくらでも大空間はつくれそうだが、大空間をつくるにも限界がある

「梁の強度」と「重さによるたわみ」による限界

木造、鉄骨造、鉄筋コンクリート造における限界とは、「梁の強度」と「重さによるたわみ」によるもの。梁断面を大きくすることで強度は増すが、その分重量も増える。この強度と重量、そして梁のスパン（柱と柱の間隔、梁の長さ）との関係で、あるスパンからは、どれほど強度を上げても変形のほうが大きくなり、梁として空間を構成できなくなってしまうのだ

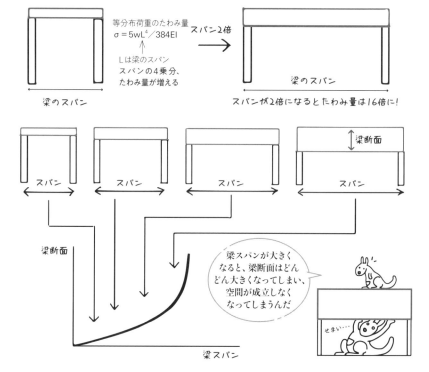

等分布荷重のたわみ量
$$\sigma = 5wL^4 / 384EI$$
↑
Lは梁のスパン
スパンの4乗分、たわみ量が増える

スパン2倍

梁のスパン

梁のスパン

スパンが2倍になるとたわみ量は16倍に!

梁断面

スパン スパン スパン スパン

梁断面

梁スパン

梁スパンが大きくなると、梁断面はどんどん大きくなってしまい、空間が成立しなくなってしまうんだ

せまい…

トラスで大スパンを飛ばす

大空間をつくるには、梁の強度が高く、できるだけ軽量、そして運搬できることが求められる。その要望に答える構造が「トラス構造」である

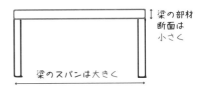

梁の部材断面は小さく

梁のスパンは大きく

トラス構造の特徴

トラスとは、三角形を組み合わせた構造。洋小屋よりも小さな三角形を組み合わせて、横架材としている

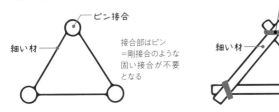

ピン接合

細い材

接合部はピン＝剛接合のような固い接合が不要となる

ピン接合

細い材

材に軸力が作用する。ピン接合なので、曲げやせん断力、たわみが作用しない＝細い材の構成で対応できる

トラスの特徴は、部材の接合部がピン構造で、部材には軸方向の力（引張力、圧縮力）のみ作用するということ。部材の軸方向と直交方向に荷重が作用し、曲げやせん断力が作用する一般的な梁よりも小さな部材断面で、大スパンが可能

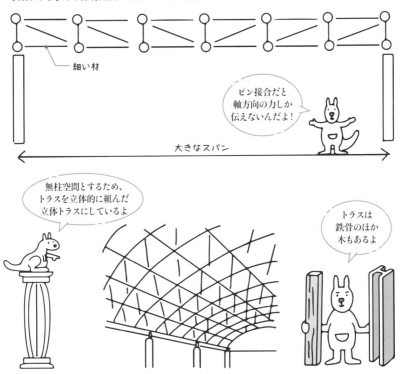

細い材

ピン接合だと軸方向の力しか伝えないんだよ！

大きなスパン

無柱空間とするため、トラスを立体的に組んだ立体トラスにしているよ

トラスは鉄骨のほか木もあるよ

木造の屋根をつくる（和小屋、洋小屋）

木造で屋根をつくるには、柱と梁で架構（構造）を構成するのが一般的です。この架構、日本で発展した「和小屋」と、海外で発展した「洋小屋」とでは構造的な仕組みが違います。

和小屋と洋小屋の構造的な仕組みの違い

組積造が発展した地方と異なり、木材が豊富な日本などの地域では、建物の構造は木構造。入手しやすく、軽くて加工しやすい木材は、建物の構造には最適だった。ここでは、建物をつくる工程から、屋根を支える小屋組みの仕様について考えてみよう

掘っ立てで柱を立てる。古来の木造は、掘立柱が主流だった［91頁］

屋根をつくるには、垂直材である柱の上に横向きの材「横架材」が必要。水平に屋根を構成すると雨が溜まってしまうため、斜めに勾配をつける必要がある

雨を流すには勾配が必要

屋根は雨が溜まる

柱があれば「壁」がつくれるので、風は防げる

壁をつくるのは簡単

勾配を付けると広がり力（スラスト）が作用する!!

潰れてしまう

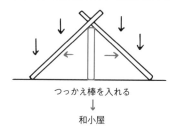

つっかえ棒で斜めの材が下がるのを抑え、スラストを止めている。スラストの発生原因を抑える方法。現在の在来工法でも小屋組みとして一般化されている

つっかえ棒を入れる

↓

和小屋

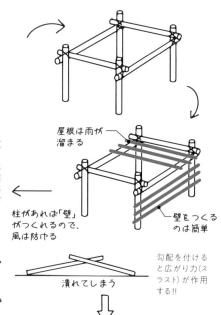

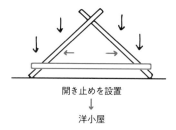

横材を入れて抑えている。斜材と横材で構成する「三角形」で力の均衡をとっている。枠組壁工法の小屋組み（垂木方式［※]）として一般化されている

開き止めを設置

↓

洋小屋

※ 和小屋同様の「小屋梁方式」もある

第 **9** 章

つなぐ

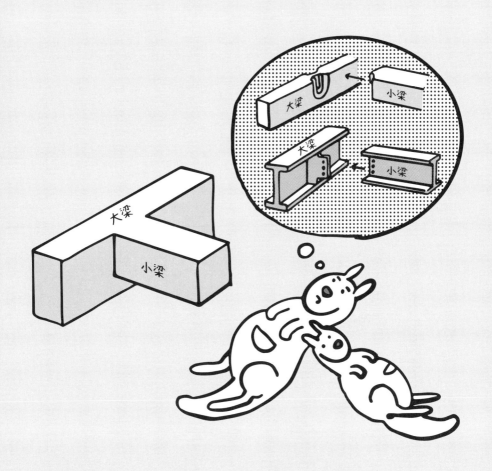

建物の骨組みは、組み合わせることで構成され力を発揮します。

そのため、接合部はとても重要です。骨組みである各部材の形状を

考えたつなぐ技術、力を効果的に伝達するつなぎ方など、

この章では建築構造で重要な接合部に注目します。

柱と梁のつなぎ方（木造）

木造の柱と梁のつなぎ目は、ピン構造が基本となります。柱と梁で構成される「軸組工法」と壁で構成される「枠組壁工法（以下、ツーバイフォー工法）」とでは、つなぎ方が異なります。

軸組工法には「在来工法」と「金物工法」がある

軸組工法には、つなぎ目に複雑な断面加工が必要な「在来工法」と、つなぎ目がシンプルな加工の「金物工法」がある

1.在来工法

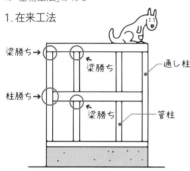

梁勝ち
梁勝ち
通し柱
柱勝ち
梁勝ち
管柱

在来工法には、上下階を通している「通し柱（とおしばしら）」と、各階ごとの「管柱（くだばしら）」がある。通し柱の場合、柱の側面に梁を差し込むように取り付け、管柱の場合は、梁の上下に柱を差し込むように取り付ける

管柱

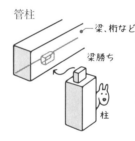

梁、桁など
梁勝ち
柱

柱を取り付けるため、梁に「ほぞ穴」をあけ、柱は梁の穴に差し込むための「ほぞ」をつくる。管柱のように、梁下に柱を取り付ける状態を「梁勝ち（はりがち）」という

通し柱

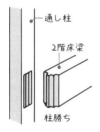

通し柱
2階床梁
柱勝ち

梁を取り付けるための仕口[※]（メス）を柱に設け、梁は柱の穴に差し込む仕口（オス）をつくる。通し柱のように、柱の側面に梁を取り付ける状態を「柱勝ち（はしらがち）」という

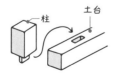

柱
土台

column 在来工法は断面欠損に注意

在来工法のつなぎ方は、釘や金物がない時代（伝統構法）にはとても有効でした。伝統構法に用いる柱や梁の断面寸法は大きいので、柱や梁の「ほぞ穴、ほぞ、仕口」は、構造上の弱点にはなりません。しかし現在の在来工法は、柱や梁の断面寸法が小さいため、柱と梁のつなぎ目は「断面欠損」として考える必要があります。構造計算では、断面欠損を考慮して、安全性を確認しています

※ 梁と柱、梁どうしを直交方向につなぐ部分を「仕口（しぐち）」とよび、凹部をメス、凸部をオスという

2.金物工法

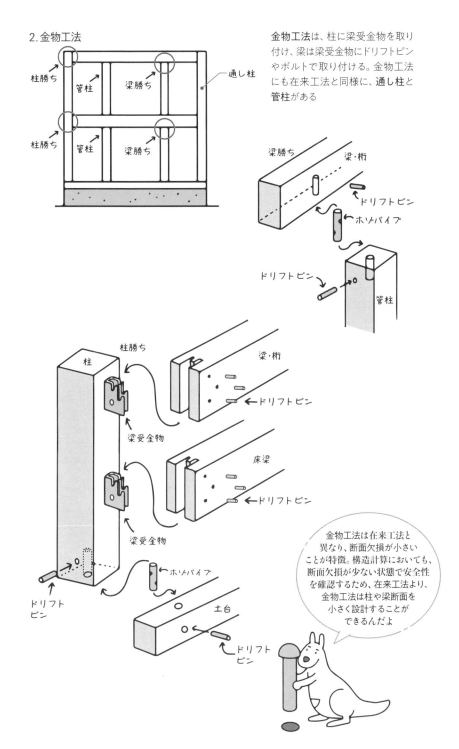

金物工法は、柱に梁受金物を取り付け、梁は梁受金物にドリフトピンやボルトで取り付ける。金物工法にも在来工法と同様に、通し柱と管柱がある

柱勝ち
管柱
梁勝ち
通し柱
柱勝ち
管柱
梁勝ち

梁勝ち
梁・桁
ドリフトピン
ホゾパイプ
ドリフトピン
管柱

柱勝ち
柱
梁・桁
ドリフトピン
梁受金物
床梁
ドリフトピン
梁受金物
ドリフトピン
ホゾパイプ
土台
ドリフトピン

金物工法は在来工法と異なり、断面欠損が小さいことが特徴。構造計算においても、断面欠損が少ない状態で安全性を確認するため、在来工法より、金物工法は柱や梁断面を小さく設計することができるんだよ

複数の細い縦枠で重さを支えるツーバイフォー工法

ツーバイフォー工法の場合、軸組工法のように四角形の柱も使うが、主には**壁が柱の役割を果たし、壁柱ともよばれる**。細長い断面の柱と考えるとイメージしやすいかもしれない

柱

壁柱

壁柱

1.壁柱の構成

上枠

縦枠

下枠

この柱の役割を果たす壁は、詳細に見れば、細い縦枠(スタッド)で重さを支えている。軸組は1本の柱で重さを支えるが、ツーバイフォー工法は、細い縦枠数本で重さを支える構造になっているだけである

2.柱と梁のつなぎ方

壁(柱)と梁のつなぎ目は、「載せる構造」である。複雑な加工はなく、ただ**載せて金具で止める**だけ。これほどシンプルで強いつなぎ目はない。断面欠損なしで載せる梁は、断面の強さをフルに使える

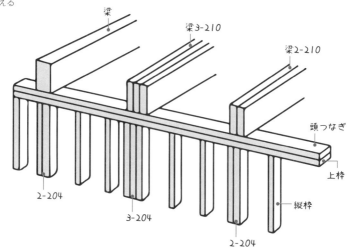

梁

梁3-210

梁2-210

頭つなぎ

上枠

縦枠

2-204

3-204

2-204

梁と梁のつなぎ方（木造）

木造で梁と梁をつなぐ場合は、一般的に直交方向でつなぎます。

直交方向に梁と梁をつなぐ（仕口）

在来工法
受ける側の梁側面を削って仕口（メス）をつくり、取り付ける側の梁に凸面の仕口（オス）をつくる。在来工法のつなぐ部分は、柱と梁のつなぎ方同様に、断面欠損が大きく、構造計算においては、断面欠損を考慮して、安全性を確認する

金物工法
受ける側の梁に、梁受け金物を取り付け、取り付ける側の梁を、梁受け金物に取り付ける。金物工法は、梁と梁のつなぎ目も、断面欠損が小さくなる

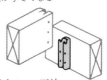

ツーバイフォー工法
受ける側の梁に、梁受け金物を取り付け、取り付ける側の梁は、梁受け金物にドリフトピンやボルトで取り付ける。一方向に梁や根太（床を支える材料）を架けるため、梁と梁のつなぎ目は軸組工法よりも少ない

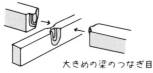

大きめの梁のつなぎ目

小さめの梁のつなぎ目

同じ方向に梁と梁をつなぐ（継手）

在来工法
梁と梁を同じ方向につなぐ部分を「継手」という。継手には、いくつかの種類がある。受ける側の梁継手（メス）と差し込む側の梁継手（オス）があり、引っ張られても抜けないように取り付ける

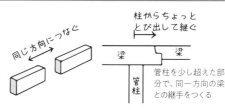

同じ方向につなぐ

柱からちょっととび出して継ぐ

梁　梁

管柱

管柱を少し超えた部分で、同一方向の梁との継手をつくる

梁どうしの同一方向のつなぎは在来工法だけ

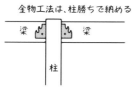

金物工法は、柱勝ちで納める

梁　梁

柱

金物工法では、梁は一本の長さで納まるように、柱を建て（柱勝ち）て受けます。在来工法の継手は梁勝ちで納めるため、梁どうしの継手があります

柱と梁のつなぎ方（鉄骨造）

鉄骨造の柱と梁のつなぎ方は、ラーメン構造とピン構造とで違いがあります。

接合部が剛構造となるラーメン構造

ラーメン構造の場合、柱と梁の接合部は、「剛構造」となる。剛構造は強い接合部で、曲げモーメントが伝達する接合部のこと。かたちで言えば、水平荷重を受けた際に、柱と梁の接合部が、直角を保ち続けることである

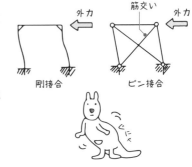

柱と梁の接合部の直角を保ったまま変形する

柱と梁の接合部の角度が変わる

外力　剛接合　筋交い　外力　ピン接合

ラーメン構造の構成

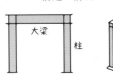
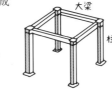

大梁　柱　大梁　柱

柱、梁の組立手順

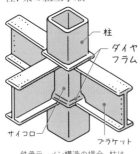

柱　ダイヤフラム　サイコロ　ブラケット

鉄骨ラーメン構造の場合、柱は四角形（コラム）が多い

①ラーメン構造の柱には大きな力が作用するため、梁がとりつく部分でカットされた柱の上下とダイヤフラムを**完全溶込み溶接で補強。**この部分をサイコロという。**完全溶込み溶接でつないだ部分は、構造的に一体化とみなされる**

②サイコロに梁のブラケットを溶接（コア組立）。溶接で一体化させるため、完全溶込み溶接とする

③コアに柱（コラム）を完全溶込み溶接で接続

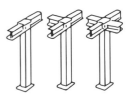

ブラケット型の場合、鉄骨組立工場から建築現場に搬送する際に、柱にブラケットが溶接されているため、運搬に一苦労

柱と梁をつなぐ（継手）

1.剛接合の場合
一体化することで、曲げモーメントとせん断力、軸力を伝える

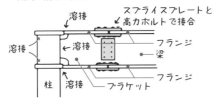

溶接　スプライスプレートと高力ボルトで接合　溶接　溶接　フランジ　梁　フランジ　柱　溶接　ブラケット

ブラケットと梁のフランジをスプライスプレートで挟み、高力ボルト（ハイテンションボルト）締めることで、ブラケットと梁を一体化

2.ピン接合の場合
一体化せず回転する。せん断力と軸力のみ伝え、モーメントは発生しない

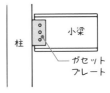

柱　小梁　ガセットプレート

柱にガセットプレートを隅肉溶接で取り付け、高力ボルトよりも弱い中ボルトで、ガセットプレートと梁のウェブを留める

梁と梁のつなぎ方（鉄骨造）

鉄骨造の梁と梁のつなぎ方は、直方向の場合は大梁と小梁、ブラケットと梁の同方向の場合は大梁と大梁をつなぐのが一般的です。

梁と梁を直方向につなぐ

大梁に直行して小梁が取り付く場合、小梁は床から受けた荷重を大梁に伝えるだけなので、ピン接合とするのが一般的

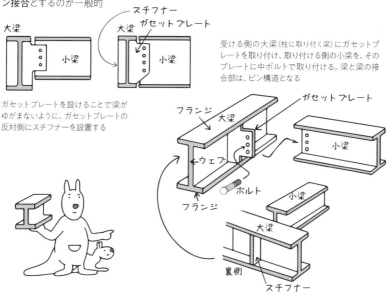

ガセットプレートを設けることで梁がゆがまないように、ガセットプレートの反対側にスチフナーを設置する

受ける側の大梁（柱に取り付く梁）にガセットプレートを取り付け、取り付ける側の小梁を、そのプレートに中ボルトで取り付ける。梁と梁の接合部は、ピン構造となる

ブラケットと梁を同方向につなぐ

ブラケットと梁が同じ方向につながる部分は、ラーメン構造の大梁の継手部分である。現場で柱を建て、その柱に取り付いたブラケットに、中央部の梁をつなぐ。梁と梁のつなぎ目は、スプライスプレートと高力ボルトで取り付け、ブラケットと梁を一体化させる

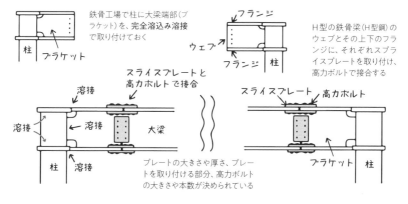

鉄骨工場で柱に大梁端部（ブラケット）を、完全溶込み溶接で取り付けておく

H型の鉄骨梁（H型鋼）のウェブとその上下のフランジに、それぞれスプライスプレートを取り付け、高力ボルトで接合する

プレートの大きさや厚さ、プレートを取り付ける部分、高力ボルトの大きさや本数が決められている

柱と梁のつなぎ方（鉄筋コンクリート造）

鉄筋コンクリート造は、鉄筋を組んでコンクリートを流し込むため、柱や梁が一体化しやすく、ラーメン構造（剛接合）が基本となります。

柱と梁をつなぐ

基本形状は柱勝ち。柱の側面に梁が取り付く形状となる。施工手順は、まず、柱と梁の鉄筋を組み立て、型枠を組み、コンクリートを流し込む。コンクリートが固まったら型枠を外すと、一体化した柱と梁の完成となる

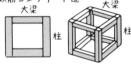

施工手順

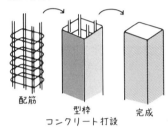

配筋 / 型枠 コンクリート打設 / 完成

1本の梁とみなせる鉄筋どうしのつなぎ方は2種類。鉄筋が細い場合は、鉄筋どうしを重ねて一体化し、鉄筋が太い場合は、鉄筋どうしをガス圧接で一体化する

定着長さ

鉄筋コンクリート構造の柱と梁は、最も基本かつ重要な構造部分。「定着長さ」を確保したつなぎ方（剛接合、ラーメン構造）になる。柱と梁、梁と梁、梁とスラブ（床版）のように、異なる部位をつなぐ場合、受ける側に取り付ける側の鉄筋を差し込む。この、鉄筋の差し込む長さが「定着長さ」である

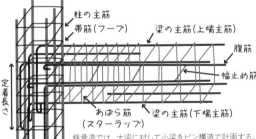

柱の主筋
帯筋（フープ）
梁の主筋（上端主筋）
腹筋
幅止め筋
あばら筋
（スターラップ）
梁の主筋（下端主筋）
定着長さ

鉄骨造では、大梁に対して小梁をピン構造で計画する。一方、鉄筋コンクリート造では、小梁の扱いは2種類。①鉄筋の配筋量を調整して構造計算が単純なピン構造で考える場合と、②複雑な計算が必要となるが、端部固定度を考慮する場合である。①のほうが一般的

梁と梁をつなぐ

梁と梁をつなぐ場合は、直交方向のみ。鉄筋コンクリート構造は現場で梁もつくるため、梁を継ぎ足してつなぐことはない。大まかな施工手順は柱、梁の場合と同じ

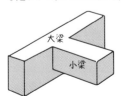

大梁
小梁

鉄筋コンクリート造のつなぎ方で注意が必要なのは、コールドジョイント［※］。構造耐力を発揮できなくなるから、施工時の品質管理がとても重要となるよ！

※ コンクリートの打継ぎ時間の間隔があきすぎた場合に、後から重ねて流し込んだコンクリートが、先に流し込んだコンクリートと一体化せず、打ち継いだ部分に不連続な面が生じたもの

素材から見る各構造の特徴

木造の木は自然素材、鉄骨造の構造である鉄骨は工業製品です。鉄筋コンクリート造の材料である鉄筋は工業製品。コンクリートは自然素材であるセメント、砂、粗骨材（砂利）、水でできていますが、化学反応で固めているため、工業製品といえます。

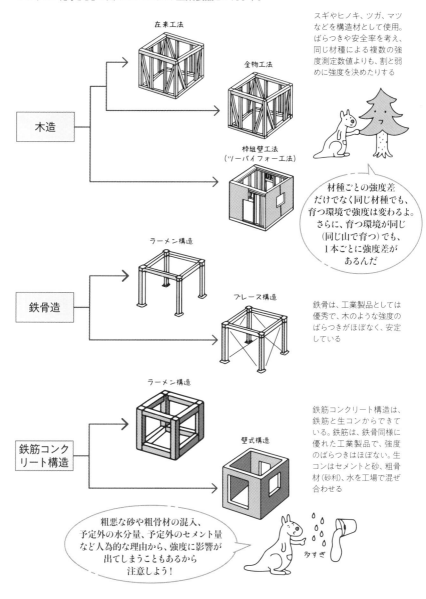

在来工法

金物工法

枠組壁工法
（ツーバイフォー工法）

木造

スギやヒノキ、ツガ、マツなどを構造材として使用。ばらつきや安全率を考え、同じ材種による複数の強度測定数値よりも、割と弱めに強度を決めたりする

材種ごとの強度差だけでなく同じ材種でも、育つ環境で強度は変わるよ。さらに、育つ環境が同じ（同じ山で育つ）でも、1本ごとに強度差があるんだ

ラーメン構造

ブレース構造

鉄骨造

鉄骨は、工業製品としては優秀で、木のような強度のばらつきがほぼなく、安定している

ラーメン構造

壁式構造

鉄筋コンクリート構造

鉄筋コンクリート構造は、鉄筋と生コンからできている。鉄筋は、鉄骨同様に優れた工業製品で、強度のばらつきはほぼない。生コンはセメントと砂、粗骨材（砂利）、水を工場で混ぜ合わせる

粗悪な砂や粗骨材の混入、予定外の水分量、予定外のセメント量など人為的な理由から、強度に影響が出てしまうこともあるから注意しよう！

多すぎ

memo

第 10 章
橋をつくる

橋の構造は多種多様。構造のしくみを知ることで、いつも通る橋も、
有名な橋も、今までとは見え方が変わるかもしれません。
強さと美しさを兼ね備えた橋の構造、知っている橋を思い浮かべながら
橋の構造を見ていきましょう！

橋の起源

川を渡り、向こう側に行くための「橋」。この日常的に渡っている橋を構造的に紐解いてみましょう。

自然のものから手加工のものへ

現在のような橋の技術がないころに、人はどのように川を渡っていたのだろうか？

川が浅いところでは、石が水面から出ているところがあり、その石の上を渡っていたのかもしれないが、都合よく石があるとは限らない。そのため、浅い部分に石を並べて川を渡っていたと思われる

石が並べられるように川に浅瀬があればよいが、浅瀬がない川では川幅の狭いところに丸太を架け渡し、橋にした

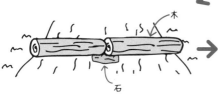

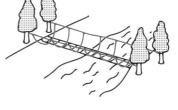

浅瀬があり川幅が広い場合は、川に石を並べて、石と石との間に丸太を架けるなど、創意工夫で橋は発展していく

谷を渡る場合には、谷の両側の木にツル草を架け渡した吊橋ができた

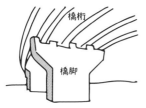

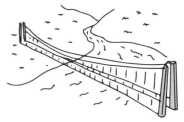

川に架けた丸太は、現在の「橋桁」であり、丸太を支える石は「橋脚」となった

大きな川や海を渡る橋は、吊橋から発展したものが多く見られる

ファブリキウス橋(イタリア)建設時期：紀元前1世紀

石やレンガの組積造の建物が発展していたヨーロッパでは、**石の橋**が多く見られる。川幅に合わせて一枚の石を架けたもの、橋脚となる石を置いて橋脚に石を架けたもの、もたれ合わせたもの、そして、**アーチ橋**へと発展した

橋の種類

橋には構造ごとにさまざまな形状があります。

桁橋

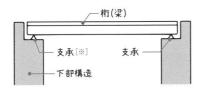

桁（梁）

支承 [※]　　支承

下部構造

川の両岸、または橋脚に**横架材**となる梁を架けて、その梁に床版を載せる単純な形状の橋のこと。建物では梁とよんでいる横架材を、橋の場合は桁とよんでいる。比較的、（支点間の）短い橋に用いられる構造
スパン範囲：10mから300m

アーチ橋（上路）

アーチリブ

組積造のアーチを模した形状の橋のこと。組積造のアーチと同じように、アーチに作用する圧縮力に抵抗するよう設計されている。（支点間の）長い橋に用いられる構造
スパン範囲：50mから600m

トラス橋（下路）

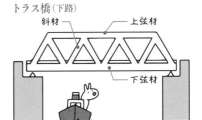

斜材　　上弦材

下弦材

三角形に組み合わせたトラス（骨組み）で桁をつくった橋のこと。木造、鉄骨、コンクリート製もある。桁橋の比べ、（支点間の）長い橋に用いられる構造
スパン範囲：50mから600m

ラーメン橋

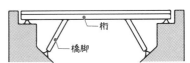

桁

橋脚

主となる桁（横架材）と橋脚（鉛直材である柱）とを一体化した構造の橋のこと
スパン範囲：40mから80m

斜張橋

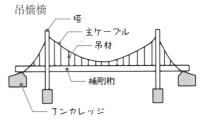

塔
斜材

補剛桁

塔から斜めに張られた複数のケーブルで吊り、支える構造の橋のこと
スパン範囲：100mから1,000m

吊橋橋

塔
主ケーブル
吊材

補剛桁

アンカレッジ

塔の間を渡したメインケーブルから吊材（ハンガーロープ）で橋桁を吊った橋のこと
スパン範囲：200mから2,000m

※ 上部構造と、橋台および橋脚の間に置かれる部材のこと。上部構造の変形（回転、伸縮）を吸収し、上部構造の荷重を下部構造に伝達する役割を果たす

橋の構造（桁橋）

橋の構造で最も単純な構造なのが桁橋です。支点間に横架材である桁（梁）を架け渡した構造です。この形状を「単純梁」とよびます。単純梁を組み合わせた構造や、支点を跨いで桁（梁）を架ける形状を「連続梁」とよびます。

曲げモーメントを上下に分散させて効率よく設計

桁（梁）は一般的に、上に何かを載せるため、下側に曲がる。桁（梁）には、下側に曲げモーメントが発生し、この曲げモーメントに対して桁（梁）の安全性を確認する設計を行う（そのほか、せん断力、変形量であるたわみの検討も行う）

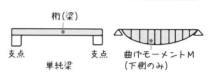

単純梁と連続梁とでは、曲げモーメントの作用の仕方が若干異なる
単純梁の場合、曲げモーメントは、桁（梁）の下側に作用する。一方、連続梁は曲げモーメントが、桁（梁）の下側と上側にも、作用する

①単純梁の場合

②連続梁の場合

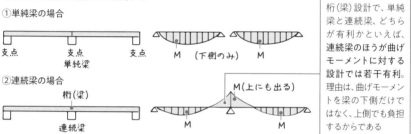

> 桁（梁）設計で、単純梁と連続梁、どちらが有利かといえば、**連続梁のほうが曲げモーメントに対する設計では若干有利。**理由は、曲げモーメントを梁の下側だけではなく、上側でも負担するからである

では、鉄筋コンクリート構造の桁（梁）に等分布荷重[※1]が載る場合の鉄筋量の考え方を見てみよう

1. 単純梁の場合
曲げモーメントは①のような形状となり、下側にだけ作用する。桁（梁）の長さの真ん中で曲げモーメントは最大値となり、その最大値で桁（梁）の鉄筋量を決める

2. 連続梁の場合
曲げモーメントは、②のように下・上側に分散するように作用する。したがって、鉄筋コンクリート構造の桁（梁）の鉄筋量は、下側の曲げモーメントで桁（梁）下側の鉄筋、上側の曲げモーメントで桁（梁）上側の鉄筋を決める

3. ゲルバー構造の場合

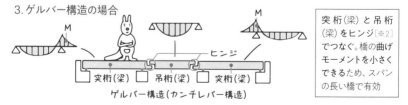

ゲルバー構造（カンチレバー構造）

> 突桁（梁）と吊桁（梁）をヒンジ[※2]でつなぐ。橋の曲げモーメントを小さくできるため、スパンの長い橋で有効

※1 桁（梁）全体に均等に作用する荷重
※2 自由に回転できる連結部のこと。曲げモーメントを伝えない（静定）ため、ヒンジ部分ではモーメントは0（ゼロ）になり、橋の曲げモーメントが小さくなる

橋の構造（トラス橋）

トラス橋をここでは紹介します。橋の形状によって桁（梁）にかかる力が変わります。トラス橋には基本的に軸力が作用します。

細材で構成できるトラス橋

橋の構造としてトラス橋がある。トラス構造は、三角形の基本構造を連続させた梁（橋の場合は桁）構造

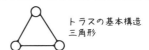

トラスの基本構造
三角形

1. 通常の桁（梁）の場合

通常の桁（梁）には、曲げモーメントやせん断力が作用するため、支点間の広いスパンの場合、桁（梁）断面が大きくなってしまう

桁（梁）

支点　　　　支点
単純梁

曲げモーメントM
（下側のみ）

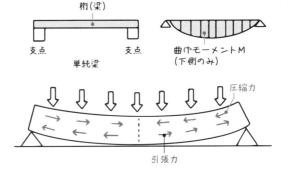

圧縮力

引張力

2. トラスの桁（梁）の場合

三角形を構成している部材には、基本的に軸力（軸方向への圧縮力や引張力）が作用するだけなので、小さな断面でトラスを構成し、大きなスパンを飛ばすことができる

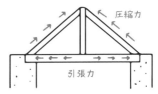

圧縮力

引張力

キングポストトラス

圧縮力（材に対する応力）

引張力（材に対する応力）

> トラス構造の「圧縮力」、「引張力」は、橋の構造では「材料に作用する応力」として表示する。一方、建物の梁構造の場合は、材と材をつなぐ「接点に作用する応力」として表示する。そのため、表示の矢印は、圧縮力と引張力が逆になる

> トラス橋で有名なものに、東京都の東京ゲートブリッジ（中央支間長440m、全長2,618m）などがあるよ

橋の構造（アーチ橋）

アーチ橋をここでは紹介します。アーチ橋には主に圧縮力が作用します。

開口部とは異なる用い方もするアーチ橋

アーチについては組積造の開口部をつくる方法として解説［141頁］したが、橋の場合のアーチは、組積造の開口部をつくる構造とは異なる使われ方もみられる。アーチのつくり方は開口部と同様で、川の両端からアーチをつくり、アーチで橋桁を支える

組積造のアーチ

アーチは、桁橋の単純梁と異なり、**アーチ内部には主に圧縮力**が作用する。そのため、**アーチ端部には広がろうとする力（スラスト）**が作用する。これらの応力（内部に作用する力）に対して、安全性を確認する

通常の桁（梁）の場合

アーチの桁（梁）の場合

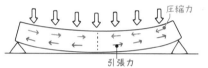
圧縮力
引張力

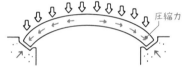
圧縮力

現在のアーチ橋は、鉄骨造のアーチが多く、アーチの上に橋を構成するものから、アーチで橋桁を吊る構造まで、多く存在している

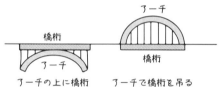
アーチ
橋桁
橋桁
アーチ
アーチの上に橋桁　　アーチで橋桁を吊る

また、アーチ橋は桁の位置により、**上路式、中路式、下路式**に分かれる。橋桁下に空間の余裕がある場合は、上路式が用いられる。逆に、橋桁下に空間の余裕がないような場合には、下路式が用いられる

アーチ

橋桁
上路式

橋桁
中路式

橋桁
下路式

鉄骨造のアーチ例

広島空港大橋（広島県 アーチ支間380m）

新木津川大橋（大阪府 アーチ支間305m）

さまざまな材料によるアーチ橋

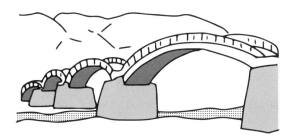

木造 錦帯橋（山口県 アーチ支間最大35.1m）
創建は1673年。幾度か架け替えが行われている。弧状に組んで荷重を支える迫持式［※］のアーチ構造［174頁］

橋のアーチが水面に映り込み、眼鏡に見えることから眼鏡橋というよ

石造 眼鏡橋（長崎県 長さ22m、アーチ支間約8.2m）
1634年に初めて架けられたとされている。日本最古のアーチ式石橋。本来、眼鏡橋はアーチ橋の種類のひとつで、2連のアーチ橋をいう。そのため、福岡県や福井県など眼鏡橋は複数存在する

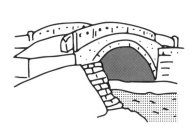

石造 不老橋（和歌山県 長さ12.55m）
1851年に完成。勾欄（手摺）部分も含み石造

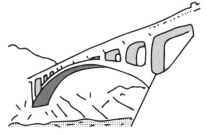

鉄筋コンクリート造 板戸橋（和歌山県 スパン70m）
1932年に完成

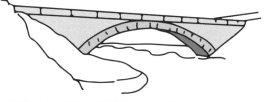

花崗岩＋レンガ造 平木橋（兵庫県 スパン16.2m）
1915年に山田川疏水事業の一部として建設された水路橋。橋壁の上に通水路がある

※ 石や煉瓦（れんが）を弧状に積んでせり合わせ、荷重を支える構造

錦帯橋の迫持式アーチ構造

山口県岩国市の**錦帯橋**の基本構造は、**木製の迫持ち式のアーチ構造**。錦帯橋式アーチ構造ともよばれている

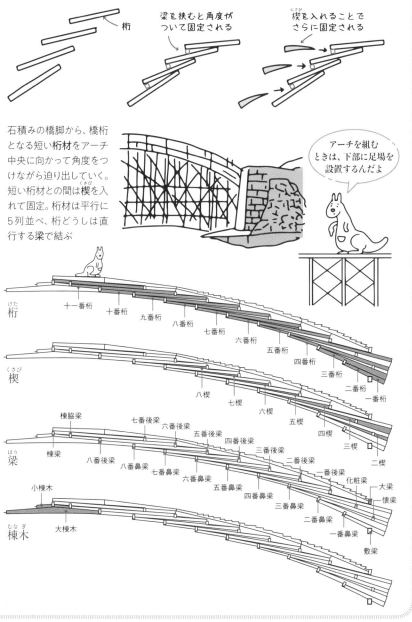

桁

梁を挟むと角度がついて固定される

楔を入れることでさらに固定される

石積みの橋脚から、橋桁となる短い**桁材**をアーチ中央に向かって角度をつけながら迫り出していく。短い桁材との間は**楔**を入れて固定。桁材は平行に5列並べ、桁どうしは直行する**梁**で結ぶ

アーチを組むときは、下部に足場を設置するんだよ

桁（けた）

十一番桁　十番桁　九番桁　八番桁　七番桁　六番桁　五番桁　四番桁　三番桁　二番桁　一番桁

楔（くさび）

八楔　七楔　六楔　五楔　四楔　三楔　二楔

梁（はり）

棟脇梁　棟梁　七番後梁　六番後梁　五番後梁　四番後梁　三番後梁　二番後梁　一番後梁　大梁
八番鼻梁　七番鼻梁　六番鼻梁　五番鼻梁　四番鼻梁　三番鼻梁　二番鼻梁　一番鼻梁　化粧梁　懐梁　敷梁

棟木（むなぎ）

小棟木　大棟木

橋の構造（ラーメン橋）

ここではラーメン橋を紹介します。ラーメン橋には、曲げモーメントやせん断力、軸力が作用します。

高速道路や山間部に用いらるラーメン橋

ラーメン橋は、橋桁と橋脚を剛接合で一体化しているため、**橋桁、橋脚に曲げモーメントや軸力、せん断力が作用**する。一体化して橋脚にも応力を分担させることで、梁構造の桁橋よりも、橋桁に作用する応力、変形を小さくできる。建物同様、ラーメン橋は耐震性能が高い構造。鉄骨造（ブレース構造除く）や鉄筋コンクリート造のものがあり、**門型ラーメン、方杖ラーメン、V脚ラーメン**などのほか**フィーレンディールトラス**［※］を用いたものがある

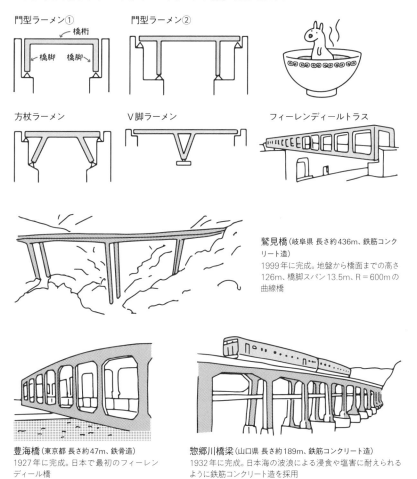

門型ラーメン①

← 橋桁

橋脚　橋脚

門型ラーメン②

方杖ラーメン

V脚ラーメン

フィーレンディールトラス

鷲見橋（岐阜県 長さ約436m、鉄筋コンクリート造）
1999年に完成。地盤から橋面までの高さ126m、橋脚スパン13.5m、R＝600mの曲線橋

豊海橋（東京都 長さ約47m、鉄骨造）
1927年に完成。日本で最初のフィーレンディール橋

惣郷川橋梁（山口県 長さ約189m、鉄筋コンクリート造）
1932年に完成。日本海の波浪による浸食や塩害に耐えられるように鉄筋コンクリート造を採用

※ 梯子状の主構を持つ橋。部材に曲げの力を加えることで斜材をなくし、せん断力が作用しないようにしたもの

橋の構造（吊橋、斜張橋）

長い距離の橋をかける構造として、吊橋や斜張橋があります。

実在する橋梁形式のうちで最も長いスパンを飛ばせる吊橋

吊橋は、谷を渡る橋としてつくられはじめた。現在の吊橋は、
ケーブルで橋桁を吊り下げる構造となっている

ケーブルには、塔に固定される**メインケーブル**（主ケーブル）と、メインケーブルから吊り下げられた**ハンガーロープ**とがある。橋桁は、ハンガーロープに吊るされている

メインケーブルは、塔と塔の間に架かり、その両端部は、アンカレッジとよばれるコンクリートの塊で固定されている

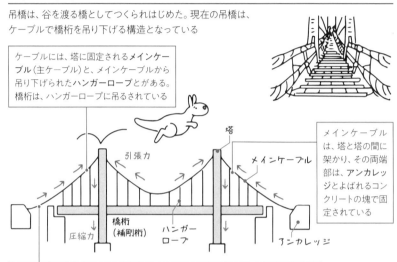

引張力　塔　メインケーブル　橋桁（補剛桁）　ハンガーロープ　圧縮力　アンカレッジ

吊橋の構造として、ハンガーロープ、メインケーブルには**引張力**が作用する。メインケーブルが架かる塔には、**圧縮力**が作用している。基本、橋桁は吊るされているだけなので、鉛直荷重による**曲げモーメントやせん断力は、大きくない**

なぜ吊るのか？

重いものを支えるには、下から支えるより吊るしたほうが効率的。たとえば重い石を支える場合、下で支えるには、それ相応の支えるための骨組みが必要。しかし、吊るす場合は、ロープなので吊るすことができる。結果的には、ロープを支える骨組みが必要にはなるが、下で支えるよりは効率よく支える仕組みとして、吊橋は発展してきた

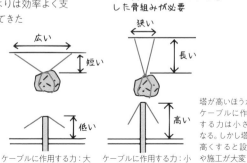

吊るすにはロープでOK！

下で支えるにはしっかりとした骨組みが必要

2本のロープで重い石を持ち上げる場合、ロープを持つ手を広げた場合と、狭めた場合、どちらが楽か。ロープを持つ手を狭めた方が持ちやすいだろう。つまり吊橋の場合、塔が高いほうがケーブルに作用する力は小さくなるが、塔を高くすると、風の影響や地震の影響も受けやすくなるため、設計、施工が難しくなる。これらを総合的に判断して、その吊橋にとって最も効率のよい塔の高さを決めている

広い　短い　低い　ケーブルに作用する力：大

狭い　長い　高い　ケーブルに作用する力：小

塔が高いほうが、ケーブルに作用する力は小さくなる。しかし塔を高くすると設計や施工が大変

レインボーブリッジ（東京 全長798m、最大支間長570m）

1993年に完成。羽田空港が近いため主塔の高さを海面から155m以下に抑える、東京湾を通行する大型船のため桁下を50m以上とるなどの制約のため吊橋構造となった

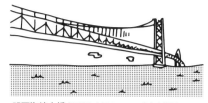

明石海峡大橋（兵庫県 全長3,911m、中央支間長1,991m）

1998年に完成。橋施工中の1995年、阪神淡路大震災により、基礎を設置した地盤が移動。そのため桁の長さを変えて施工した

橋桁に圧縮力が作用する斜張橋

斜張橋は、塔から斜めに張ったケーブルに橋桁を吊るす構造の橋。吊橋と似ているが、斜張橋は、ケーブル端部のおもりとなるアンカレッジがなく、ケーブル端部も橋桁に取り付いている

斜張橋の場合、吊橋と同様に、ケーブルには**引張力**が作用し、ケーブルが架かる塔には**圧縮力**が作用する。一方、斜張橋と吊橋の構造的な違いとして、斜張橋の橋桁には**圧縮力**が作用する

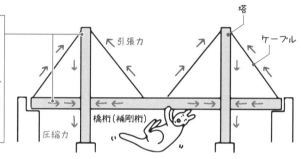

斜張橋の種類

①放射形式

放射形式

塔の先端でケーブルをまとめるような張り方。ケーブルの本数が少ない斜張橋に採用される

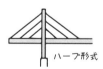

ハープ形式

塔の先端でケーブルをまとめるような張り方。ケーブルの本数が少ない斜張橋に採用される

②ファン形式

ファン形式（少数ケーブル形式）　ファン形式（マルチケーブル形式）

塔に架かるケーブル定着部が、ずらしながら張られている。ケーブルの本数により、少数ケーブル形式とマルチケーブル形式がある

多々羅大橋（広島県−愛媛県 全長1,480m、中央支間長890m）

1999年に完成。橋梁形式を当初計画の吊橋から斜張橋に変更することで、アンカレッジ設置による観音山の大規模な地形改変を避けている

memo

第 11 章

新しい技術
微動探査

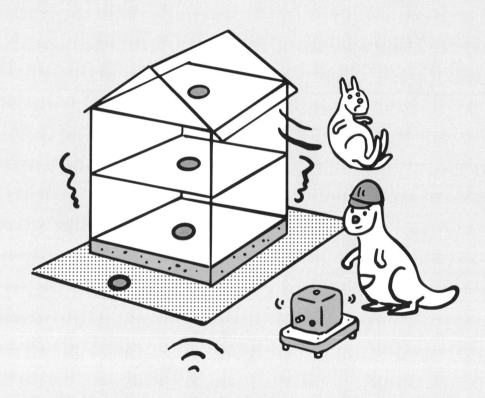

木造住宅の耐震性能を数値で表すことができる新技術の紹介です。

建物の耐震性能を数値化、地盤の揺れやすさも数値化、

そして地震による建物の共振のしやすさまでもわかってしまう

微動探査は、これからの当たり前基準となります。

耐震性能を「実測」する

建物の耐震性能は、構造計算により確認します。その設計が確実に反映されるように、正しく施工します。正しい施工が行われていれば、設計上の耐震性能は確保されていることになります。

速度計で耐震性能を数値化する

速度計による常時微動の計測で建物の耐震性能を実測し、耐震性能を数値で示すことができるようになった。現在、速度計による耐震性能の実測は、木造住宅が中心。この速度計は「微動探査機[※1]」ともいう

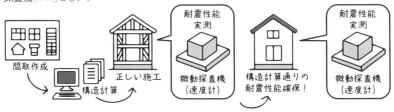

微動探査でわかること

建物は、人間が感じない程度に小さく振動している。これを**常時微動**という。精度の高い速度計を建物に設置し、建物の常時微動を計測する。この**常時微動**により、**建物の固有周期[※2]と振幅[※3]がわかる**。これらの指標から、建物の耐震性能を確認する

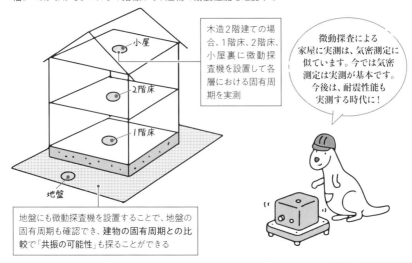

木造2階建ての場合、1階床、2階床、小屋裏に微動探査機を設置して各層における固有周期を実測

微動探査による家屋に実測は、気密測定に似ています。今では気密測定は実測が基本です。今後は、耐震性能も実測する時代に！

地盤にも微動探査機を設置することで、地盤の固有周期も確認でき、建物の固有周期との比較で「共振の可能性」も探ることができる

※1 微動探査機には加速度計もある
※2 建物の揺れる周期のこと。固有周期が小さいほど、細かく揺れている状態で、建物の耐震性能が高い
※3 建物の揺れ幅を示す。耐震性能が高い建物は剛性が高く、硬くなるため、振幅が小さくなる

家屋の耐震性能実測のやり方

家屋の耐震性能実測は、さまざまな手法が存在しますが、ここでは効率よく耐震性能が実測できる事例を紹介します。耐震性能実測には、「建物と地盤の固有周期の実測」と「建物の剛心の実測」を行います。

1. 建物と地盤の固有周期を実測

微動探査機（速度計）を地盤、建物の1階床、2階床、小屋裏に設置し常時微動を計測する

計測結果から、建物の耐震性能と地盤の固有周期との比較で、地震時の共振の可能性が確認できる

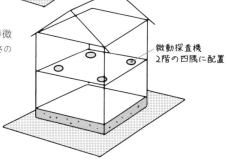

2. 建物の剛心の実測

微動探査機を建物の2階四隅に配置し、常時微動を計測。四隅の揺れ方から建物の剛心（硬さの中心）位置を確認する

四隅の常時微動に揺れ方の誤差があると、剛心は揺れの少ない方に移動する。建物形状から重心を算出しておけば、正確な偏心率までは算出できないが、重心と剛心のずれの具合も確認できる［183頁］

微動探査機
2階の四隅に配置

---

column

微動探査では「加振」は不要？

常時微動の計測では「加振[※]」は行いません。建物に振動を与え、その振動を速度計で計測しますが、構造躯体までなかなか揺れないため、正確なデータが取れるとは限りません

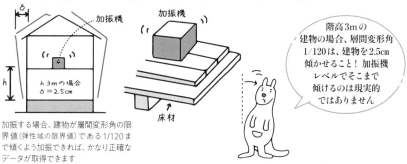

h 3mの場合
δ = 2.5cm

加振機

加振機

床材

加振する場合、建物が層間変形角の限界値（弾性域の限界値）である1/120まで傾くよう加振できれば、かなり正確なデータが取得できます

階高3mの建物の場合、層間変形角1/120は、建物を2.5cm傾かせること！加振機レベルでそこまで傾けるのは現実的ではありません

※ 加振機を建物に設置して振動を与えること

どのタイミングで実測するのか？

家屋の耐震性能の実測回数は、新築と既存住宅で異なります。

新築の耐震性能実測は施工中と完成時の2回

構造計算による耐震性能が「**設計性能**」であり、完成時の耐震性能が「**実態性能**」となる。とはいえ、完成時に耐震性能を実測し、設計性能が確保できていない可能性もある。そのため、耐震性能の実測は**施工中**に一度目、**完成時**に二度目の実測が理想と言える

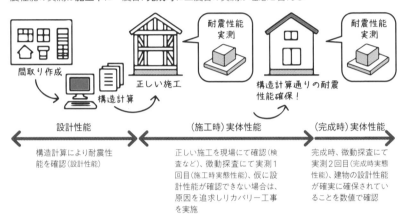

設計性能	（施工時）実体性能	（完成時）実体性能
構造計算により耐震性能を確認（設計性能）	正しい施工を現場にて確認（検査など）、微動探査にて実測1回目（施工時実態性能）、仮に設計性能が確認できない場合は、原因を追求しリカバリー工事を実施	完成時、微動探査にて実測2回目（完成時実態性能）、建物の設計性能が確実に確保されていることを数値で確認

既存住宅の耐震性能実測は現状と施工中、完成時の3回

耐震性能のビフォー・アフターを確認したいので、耐震性能の実測は、**現状**の状態で1回目の計測、**施工時**に2回目、**完成時**に3回目の計測が理想

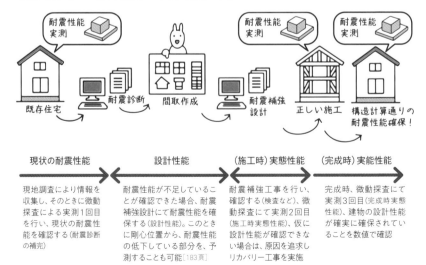

現状の耐震性能	設計性能	（施工時）実態性能	（完成時）実能性能
現地調査により情報を収集し、そのときに微動探査による実測1回目を行い、現状の耐震性能を確認する（耐震診断の補完）	耐震性能が不足していることが確認できた場合、耐震補強設計にて耐震性能を確保する（設計性能）。このときに剛心位置から、耐震性能の低下している部分を、予測することも可能[183頁]	耐震補強工事を行い、確認する（検査など）、微動探査にて実測2回目（施工時実態性能）、仮に設計性能が確認できない場合は、原因を追求しリカバリー工事を実施	完成時、微動探査にて実測3回目（完成時実態性能）、建物の設計性能が確実に確保されていることを数値で確認

家屋の耐震性能を行うメリット

微動探査で耐震性能を実測することで、経年変化による耐震性能の劣化具合や、大地震後の建物の耐震性能の低下具合を確認することもできます。

建物のメンテナンス時に実測するメリット

新築時の耐震性能が実測でわかると、数年後にメンテナンスを行う際に再度実測することで、耐震性能の劣化具合がわかる。実測調査で新築時よりも固有周期が大きい場合は、**耐震性能の低下**がわかる

1.建物と地盤の固有周期を実測

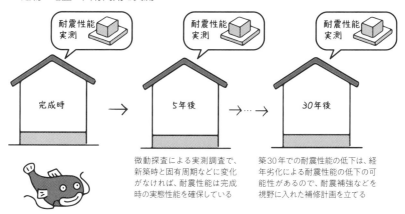

微動探査による実測調査で、新築時と固有周期などに変化がなければ、耐震性能は完成時の実態性能を確保している

築30年での耐震性能の低下は、経年劣化による耐震性能の低下の可能性があるので、耐震補強などを視野に入れた補修計画を立てる

2.建物の剛心の実測

築年数が浅いうちに急激な耐震性能の低下や、剛心測定で一部だけ揺れが大きくなるような異常値がみられる場合は、**シロアリ、雨漏り、結露**などによる劣化の可能性がある。そのため、揺れの大きい箇所の構造躯体の点検を早急に行う

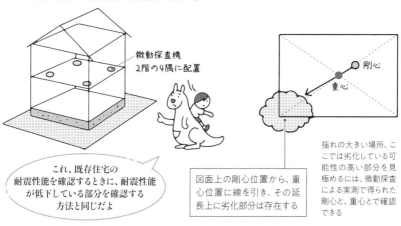

これ、既存住宅の耐震性能を確認するときに、耐震性能が低下している部分を確認する方法と同じだよ

図面上の剛心位置から、重心位置に線を引き、その延長上に劣化部分は存在する

揺れの大きい場所、ここでは劣化している可能性の高い部分を見極めるには、微動探査による実測で得られた剛心と、重心とで確認できる

災害後に建物を実測するメリット

新築時の耐震性能の実測値がわかっていれば、大地震など災害が発生したあとに建物の耐震性能が低下していないかを数値で確認できる

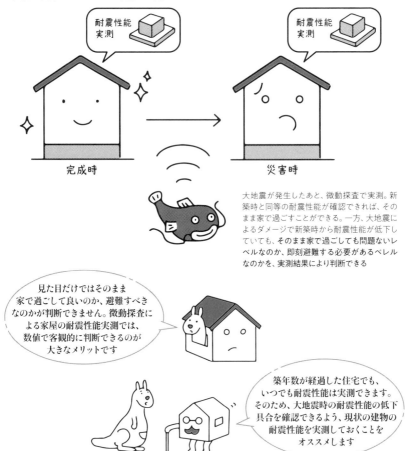

大地震が発生したあと、微動探査で実測。新築時と同等の耐震性能が確認できれば、そのまま家で過ごすことができる。一方、大地震によるダメージで新築時から耐震性能が低下していても、そのまま家で過ごしても問題ないレベルなのか、即刻避難する必要があるベレルなのかを、実測結果により判断できる

見た目だけではそのまま家で過ごして良いのか、避難すべきなのかが判断できません。微動探査による家屋の耐震性能実測では、数値で客観的に判断できるのが大きなメリットです

築年数が経過した住宅でも、いつでも耐震性能は実測できます。そのため、大地震時の耐震性能の低下具合を確認できるよう、現状の建物の耐震性能を実測しておくことをオススメします

---

column

震災後の建物の損傷程度を知る方法

地震の被害調査を行っていると、被災地の方から相談されることがあります。それは、自分の家の耐震性能です。見てわかるほど建物が損傷していれば、避難所に避難をするのですが、見た目は健全に見える建物の場合、住人の心配は、見えないところで損傷していないのか？耐震性能は維持されているのか？などです。この判断はとても難しく、耐震診断を行う場合も、建物を部分的に壊さないと詳細な耐震性能は確認できません。

しかし、微動探査であれば、非破壊で耐震性能が確認できるため、被災地の方々の心配を払拭できるのではないでしょうか。

地盤調査方法で用いる微動探査

微動探査は、もとは地盤調査方法として用いられています。地盤調査には、木造住宅であればスクリューウエイト貫入試験(SWS試験)などの簡易な方法や、大型の建物で行われている標準貫入試験などがあります。微動探査による地盤調査は、これらに代わる新たな地盤調査方法ではなく、これら調査方法と「併用する」地盤調査方法です。

建物を地盤で支持できるかを確認する地盤調査方法

地盤調査を行う目的は、そこに建つ建物を地盤で支持できるかを確認するために地盤の状態を確認することで、建物の規模により地盤調査の狙いは若干異なる

1.木造など小規模建物の場合

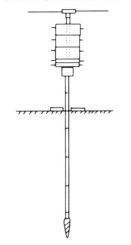

スクリューウエイト貫入試験(SWS試験)で地盤調査することが一般的。以下の①〜④から、スクリューウエイト貫入試験(SWS試験)で5測点(建物四隅と中央)を測定する方法がオススメとなる

①基礎だけで建物を地盤に支持できるのかを確認し、同時に基礎形状を選択する
②地盤の強さのばらつき、建物重量のばらつきによる不同沈下の影響も確認
③建物が軽量なので、表層地盤の状態の確認も重要
④地盤が軟弱であったり、不同沈下の可能性がある場合は、地盤補強を行う

2.S造、RC造など中大規模建物の場合

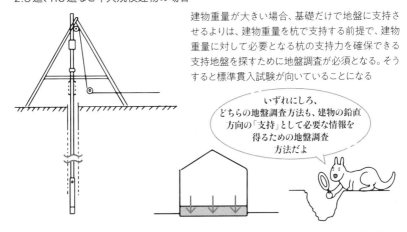

建物重量が大きい場合、基礎だけで地盤に支持させるよりは、建物重量を杭で支持する前提で、建物重量に対して必要となる杭の支持力を確保できる支持地盤を探すために地盤調査が必須となる。そうすると標準貫入試験が向いていることになる

> いずれにしろ、
> どちらの地盤調査方法も、建物の鉛直方向の「支持」として必要な情報を得るための地盤調査方法だよ

地震時の揺れやすさや固有周期を調べる地盤調査方法

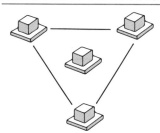

微動探査による地盤調査では、地震力による地盤の揺れやすさや周期特性を測定し、建物の耐震性能の設計に役立てることができる

固有周期で地盤の固さを分類した地盤の種類は、3種類[表]。そのうち**第三種地盤は軟弱地盤で、建物の水平荷重（地震力）を1.5倍に割り増す必要がある**（建築基準法46条）

表　地盤の固有周期による地盤種別（昭55年 建設省告1793号2項）

第一種地盤	固い地盤：周期0.4秒 岩盤、硬質砂れき層その他主として第3紀以前の地層によって構成されるもの
第二種地盤	普通の固さの地盤：周期0.6秒 第一種地盤、第三種地盤以外のもの
第三種地盤	軟弱地盤：周期0.8秒 腐植土、泥土などで大部分が構成される沖積土で、深さが30m以上のものなど

SWS試験や標準貫入試験は、建物を鉛直方向に「支持」するために、必要な情報を得る方法としての地盤調査で、地震時の揺れやすさはわからない。一方、微動探査は測定することで固有周期を判定し、第三種地盤かどうかを確認することができる

SWS試験や標準貫入試験と微動探査は、まったくの別物だよ

↓

SNS試験　＋　微動探査
または
標準貫入試験　＋　微動探査　の組み合わせ

SWS試験や標準貫入試験と微動探査を組み合わせることで、地盤に対する調査が万全になる

地盤の卓越周期が建物に影響する

建物がもともと持つ揺れ方を「**固有周期**」、地震の揺れにより最も大きく揺れるときの周期を「**卓越周期**」とよびます。地震時の地盤の卓越周期により、建物の固有周期は影響を受けます。建物の高さが低いと固有周期が短く、小刻みに揺れます。建物の高さが高いと固有周期が長く、ゆらゆら揺れます。この建物の固有周期と地盤の卓越周期が近いと、**共振**します。

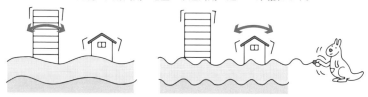

卓越周期（ビルは長周期、戸建て住宅は短周期の揺れで共振）

第 12 章

木造のはなし

建物の中でも、多くの人が住む木造住宅の構造の基本を解説します。
間取りと構造の関係性、歴史ある伝統構法の
地震に抵抗する仕組みと、現在の木造工法の耐震性能を比較など、
木構造の世界を持論満載で繰り広げます。

木造住宅だけがなおざりな「構造区画」

木造住宅の間取りのつくり方は、ちょっとおかしい。間取り先行で、構造が完全後付け
というパターンが多いのです。これは、鉄骨造、鉄筋コンクリート構造では考えられな
いことです。

木造住宅でよくある間取り手順と問題点

①リビングやダイニング、キッチン、玄関、
ホール水回り、寝室と、パズルのように、
間取りを組み立てていく。そして、ドアや
窓の位置を入れて完成。この時点では、
構造はほとんど考えられていない

②構造計算を行う、または構造伏図をつく
る段階で、後付けの構造検討を始める。
パズルによる間取りと、感覚的に配置し
たドアや窓に、何となく配置した柱を手
掛かりに床梁や小屋梁を架けていく

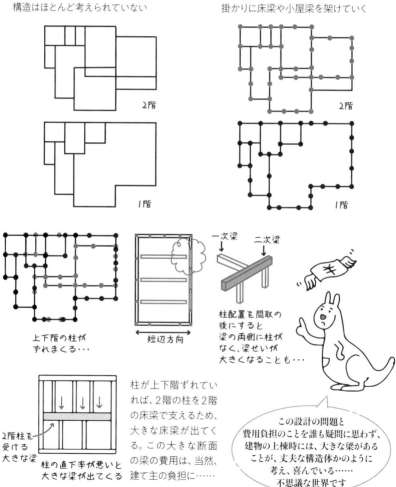

2階

1階

2階

1階

一次梁　　二次梁

上下階の柱が
ずれまくる・・・

短辺方向

柱配置を間取りの
後にすると
梁の両側に柱が
なく、梁せいが
大きくなることも・・・

2階柱を
受ける
大きな梁

柱の直下率が悪いと
大きな梁が出てくる

柱が上下階ずれてい
れば、2階の柱を2階
の床梁で支えるため、
大きな床梁が出てく
る。この大きな断面
の梁の費用は、当然、
建て主の負担に……

この設計の問題と
費用負担のことを誰も疑問に思わず、
建物の上棟時には、大きな梁がある
ことが、丈夫な構造体かのように
考え、喜んでいる……
不思議な世界です

鉄骨造、鉄筋コンクリート造の間取り手順

間取りの前にまず、構造から考える。柱4本と横架材(梁)で囲った「構造区画」を構成し、構造区画を並べて基準階を構成、それを上に重ねていく。だから、10階建てだろうと100階建てだろうと、柱の位置は上下階100%そろっている(柱直下率100%)

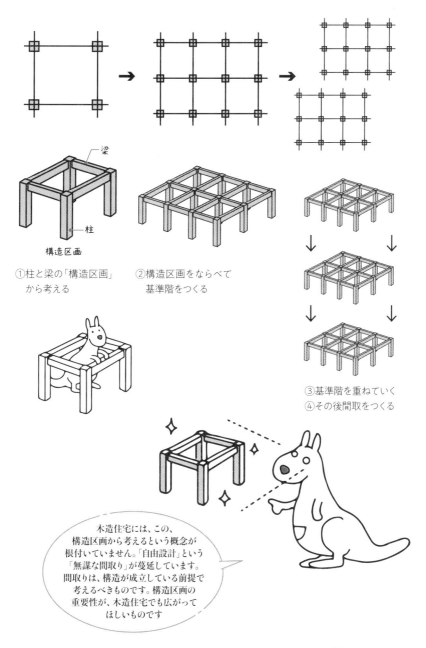

梁

柱

構造区画

①柱と梁の「構造区画」
　から考える

②構造区画をならべて
　基準階をつくる

③基準階を重ねていく
④その後間取をつくる

木造住宅には、この、
構造区画から考えるという概念が
根付いていません。「自由設計」という
「無謀な間取り」が蔓延しています。
間取りは、構造が成立している前提で
考えるべきものです。構造区画の
重要性が、木造住宅でも広がって
ほしいものです

伝統構法は柔構造なのか？

伝統構法とは、古くから日本に伝わる木造建物の技術を活かした建築様式です。伝統構法は「柔構造」と言われていますが、建物が変形することで生じる不具合を考えると、本当にそうなのでしょうか？

現在の木造住宅は剛構造が基本

現在の木造住宅の構造には、在来工法や金物工法、枠組壁工法（ツーバイフォー工法）がある。いずれも耐震性能に関しては、剛構造が基本。剛構造とは、耐力壁や水平構面、金物で建物を「硬くつくる」。硬くすることで地震力に抵抗し、建物が変形しにくくなるのだ

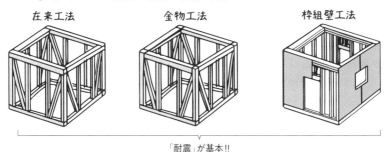

在来工法　　金物工法　　枠組壁工法

「耐震」が基本!!

なぜ「耐震」なのか
建物の耐震性能が低いと建物は柔らかくなる。「柔らかい」とは、地震力で変形しやすいということ

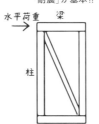

建物は変形すると接合部などが壊れてしまう！

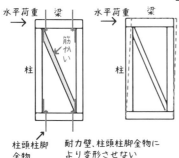

建物の変形時に、筋かい耐力壁であれば、圧縮力により座屈したり、引張力で破断することもある。また、面材耐力壁であれば、面材を留める釘穴が広がる可能性もある。さらに、柱や梁の接合部が壊れたりすることも……

上記を考えても、建物の地震対策は硬くすることが重要であることがわかります。現在の木造住宅の地震対策は建物を硬くする「耐震」が主流なのです

伝統構法が「柔構造」だと起きる不具合

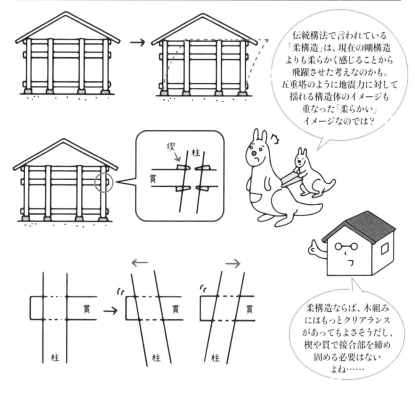

伝統構法で言われている「柔構造」は、現在の剛構造よりも柔らかく感じることから飛躍させた考えなのかも。五重塔のように地震力に対して揺れる構造体のイメージも重なった「柔らかい」イメージなのでは？

柔構造ならば、木組みにはもっとクリアランスがあってもよさそうだし、楔や貫で接合部を締め固める必要はないよね……

伝統構法は「耐震」＋「制振(めり込み)」の合わせ技

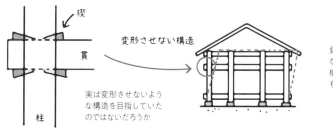

変形させない構造

実は変形させないような構造を目指していたのではないだろうか

釘や金物、合板がない時代の「耐震構造」だったのかもしれない

伝統構法は、釘や金物、合板などがない時代の知恵と技術を集約させた「剛構造」で、「木組み」は、できる限り硬くするための構造ではないだろうか。どんなに固く接合しても若干は変形するため、変形時には木と木の接地面、楔部分などで木の「めり込み」を発生させて、めり込み力で地震力を吸収したのではないだろうか。そう考えると、伝統構法は、耐震＋制振(めり込み)という構造なのかもしれない

変形時には木どうしの「めり込み」により地震力をを吸収していた可能性あり＝制振効果

伝統構法の足元は免震構造だったのか？

伝統構法の建物の足元は、石などの上に柱を載せるだけの石場建て。下部の石と緊結させていないため、伝統構法は「免震構造」と言われていますが、本当にそうなのでしょうか？

現在の木造住宅と伝統構法の足元の違い

現在の木造住宅
柱の下に土台があり、土台の下には連続した基礎がある。そして、基礎と土台はアンカーボルトで緊結されている。地震で建物が基礎から滑り落ちないためである

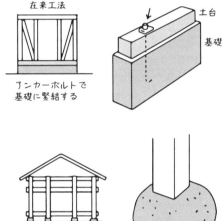

在来工法

アンカーボルトで基礎に緊結する

土台
基礎

伝統構法
土台がなく、基礎に緊結されていない。石などを基礎にして、その上に柱が建っているだけである。これを**石場建てとよぶ**

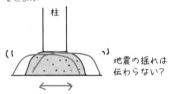

柱

地震の揺れは伝わらない？

足元(柱脚)が石の上に載っているだけということは、免震なのか？

基礎である石と柱は緊結されていない。そのため、伝統構法は地震で揺れると石の上で滑り、地震力が伝わらない、免震構造と言われている

免震構造と耐震の組み合わせが基本

割りばしで柱や梁を組んだ簡単な骨組みをつくり、机の上に置いてみる。置くだけなので骨組みは滑る状態。この状態で机を左右に揺らして地震力を与えてみる。そうすると、割りばしの骨組みは机の上を滑る。免震効果で骨組みは揺れていない

注目すべきは、割りばしの骨組みは変形しないまま揺れているということ。上部構造が硬く変形しないから滑る、ここが重要です。上部構造が硬く変形しにくいからこそ、滑るのです。やはり、免震構造には耐震の組み合わせが基本なのです

おてもと

石場建ての石の上で柱は滑るのか

石と木の摩擦係数を考える。**石と木の摩擦係数は約0.6**。これは建物の重さの0.6倍の水平荷重で押さないと滑らないということである。**地震力を表す係数は0.2**。建物の重さの0.2倍の力が地震力として作用するということである。つまり、設計用の地震力では、**石の上で木は滑らない**ことになる

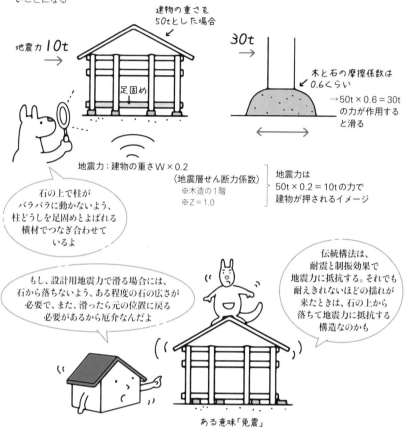

建物の重さを50tとした場合

地震力10t →

足固め

30t →

木と石の摩擦係数は0.6くらい

→50t×0.6＝30t の力が作用すると滑る

地震力：建物の重さW×0.2
（地震層せん断力係数）
※木造の1階
※Z＝1.0

地震力は50t×0.2＝10tの力で建物が押されるイメージ

石の上で柱がバラバラに動かないよう、柱どうしを足固めとよばれる横材でつなぎ合わせているよ

もし、設計用地震力で滑る場合には、石から落ちないよう、ある程度の石の広さが必要で、また、滑ったら元の位置に戻る必要があるから厄介なんだよ

伝統構法は、耐震と制振効果で地震力に抵抗する。それでも耐えきれないほどの揺れが来たときは、石の上から落ちて地震力に抵抗する構造なのかも

ある意味「免震」

伝統構法の機能まとめ

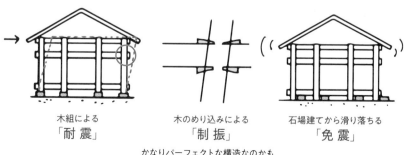

木組による「耐震」

木のめり込みによる「制振」

石場建てから滑り落ちる「免震」

かなりパーフェクトな構造なのかも

在来工法の柔構造は危険

伝統構法ではない在来工法なのに、伝統構法の柔構造説を信じて実践している木造住宅があります。耐震性能を高くすると剛性が高くなって硬くなり、地震で建物がポキっと折れるという思い込みです。そのため、建物の耐震性能を低く設計してしまうのです。

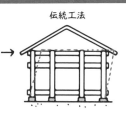

伝統工法

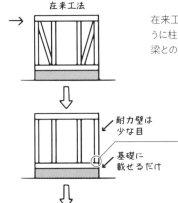

在来工法

在来工法の耐震性能を低くした建物は、伝統構法のように柱や梁が太くない。柱の寸法は10.5cm角と小さく、梁との接合部はかなり断面欠損で削られている

在来工法の耐震性能を低くして、地震が来たら揺れて地震を受け流すようにしてしまう

耐力壁は少な目

基礎に載せるだけ

木と木の接地面が小さいため、変形時のめり込み効果は期待できません

地震力

変形に耐えきれず、耐力壁や接合部が壊れだしてしまう。結果、かなり早い段階で建物は損傷し、倒壊する危険性が出てくる

草木が揺れを受け流せる理由

軽量かつ変形に追随できる構造だから。軽量なものは、変形しても大きなエネルギーが発生しないため、やんわり揺れる。しかし、重量物である木造住宅を揺らしたら、大きなエネルギーの発生により、変形するたびに衝撃力が発生する

風

風の力を受け流す

柔らかい幹

建物の層間変形角は1/120まで

層間変形角
1/120

木造住宅などの建物は、そもそも大きな変形を想定した構造体ではない。構造計算上の変形は、層間変形角として1/120を想定している。この限界とは弾性限界というもので、地震で揺れた建物が、揺れが収まっても元に戻る限界が層間変形角1/120なのだ。これを超えると、塑性(そせい)してしまい、揺れが収まっても建物が元に戻らず、損傷してしまう

階高3mの建物で、2.5cmの傾きが限界だよ

倒壊メカニズムから見る木造住宅の耐震性能

大地震の被害調査をしていると、木造住宅の倒壊には、特徴があることがわかります。基本的な倒れ方は、2階が1階を押し潰すように倒れます。

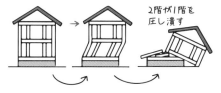

2階が1階を圧し潰す

柱脚柱頭の接合で分かれる倒れ方

大地震時の倒れ方は、大きくは「横に倒れる」「真下に倒れる」の2通りに分かれる。現地調査でわかったことは、この違いは「柱頭柱脚の接合」だった

1. 横に倒れる

2階が横方向に移動するように倒れる状態。移動距離は、ちょうど1階の階高分である。特徴は、1階の柱が、ほぼ同じ方向に倒れていることである。比較的、新しい建物に見られる

2. 真下に倒れる

2階がほぼ真下に落ちるように倒れている状態。特徴は、1階の柱が、同じ向きではなくバラバラに倒れていることである。比較的、古い建物に見られる

柱が抜けなくても耐力壁などが損傷していくことで1階の傾きが徐々に大きくなり、倒壊に至る。その際、2階はあまり傾かず、1階が大きく傾くため、戻り切れずに倒壊する

古い建物は、柱頭柱脚の接合部が弱い（金物などが取付いていない）ため、1階が傾くとき、早い段階で柱が抜けはじめ、柱がバラバラになり、2階は真下に落ちる

柱の上下にホールダウン金物（柱の引抜を防止する金物）などが設置されている木造住宅は、柱頭柱脚の金物が柱の引抜を抑えているため、倒壊するまで柱は抜けず、結果的に柱が同じ方向にそろったまま倒れる

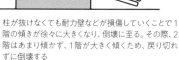

柱頭金物

柱脚金物

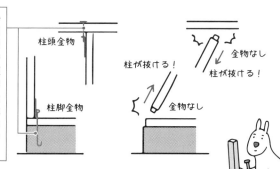

柱が抜ける！
金物なし

柱が抜ける！
金物なし

以上のことから、柱の上下を留め付けることはとても重要です！

構造を維持する耐久性のはなし

建物の構造は、地震力や風圧力に耐えるために安全性を確認したり、その建物を使う人の重さなどに耐えるのかなど、さまざまな状況を想定して安全性や快適性を確認します。この安全性や快適性を確認する設計方法が構造計算です。

初期性能と耐久性

構造計算は、あくまでも机上の「設計」。その机上の設計を確実に実現するために、正しい施工が大切である。正しい施工を行い完成した建物は、設計どおりの構造安全性を確保できていると言える

間取作成　構造計算　正しい施工

しかし、完成時の構造安全性は「**初期性能**」であって、建物の劣化とともに初期性能も低下している可能性がある

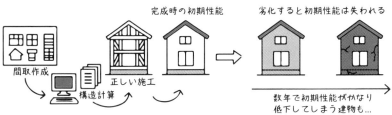

完成時の初期性能　　　劣化すると初期性能は失われる

間取作成　構造計算　正しい施工

数年で初期性能がかなり低下してしまう建物も…

そこで重要になるのが「**耐久性**」。建物の初期性能を維持させるには、木造の防腐防蟻処理をする、雨漏り、結露の発生しない仕様にするなど、建物自身に劣化を防ぐための措置が必要となる

集成材や構造用合板の接着部分の耐久性は大丈夫？

集成材は柱や梁に使われる木材で、小さな木を接着して固めている。将来的に接着部分が剥がれる心配はないのだろうか。同様に、面材耐力壁や床の水平構面として使われている構造用合板は、木造住宅の耐震性能を向上させる材料だが、接着部分が剥がれてしまう危険性はあるのだろうか？

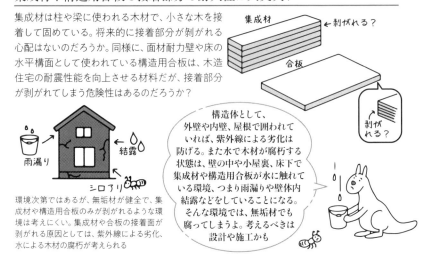

集成材　←剥がれる？

合板

剥がれる？

雨漏り　結露　シロアリ

環境次第ではあるが、無垢材が健全で、集成材や構造用合板のみが剥がれるような環境は考えにくい。集成材や合板の接着面が剥がれる原因としては、紫外線による劣化、水による木材の腐朽が考えられる

構造体として、外壁や内壁、屋根で囲われていれば、紫外線による劣化は防げる。また水で木材が腐朽する状態は、壁の中や小屋裏、床下で集成材や構造用合板が水に触れている環境、つまり雨漏りや壁体内結露などをしていることになる。そんな環境では、無垢材でも腐ってしまうよ。考えるべきは設計や施工かも

第 13 章

構造計算のはなし

建物の構造安全性を確認する構造計算。
設計の中でも難しいと言われる構造計算の基本中の基本の部分を
わかりやすく解説します。基本がわかれば構造計算は難しくありません。
構造計算により目指すべき安全性能を見てみましょう。

建物の耐震性能はどこを目指すのか

建物の構造安全性で需要な耐震性能では、地震で建物が「どのような状態」になるのかを設計します。構造計算による耐震性能の設計は、大地震でも安全な建物を設計しているわけではありません。震度6強から震度7程度の、数百年に一度発生する可能性のある「極稀地震(大地震)」に対して、建物の安全性を確認するのは、とても難しいことなのです。

地震で揺れることで伝わる地震力を、建物を横から押す力で表現することで、「水平荷重」をイメージしやすくしているよ

「損傷しない安全性」と「人命を守る安全性」

この建物の安全性の定義には2通りある

1.損傷しない安全性
建物に作用する地震に対して、建物が損傷しないということは、構造躯体部分が損傷しない、耐震性能を確保し続けるということ。したがって、**繰り返し地震に耐え、その建物を使い続ける(住み続ける)**ことができるものである

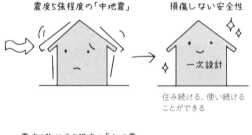

震度5強程度の「中地震」　損傷しない安全性　一次設計

住み続ける、使い続けることができる

2.人命を守る安全性
建物に作用する地震に対して、建物の構造躯体は損傷するが、**倒壊までには至らず、人命を守るもの**。この場合、建物の構造躯体は損傷しているので、繰り返しの地震に耐えることはできず、倒壊の可能性がある

震度6強から7程度の「大地震」　人命を守る安全性　二次設計

倒壊、崩壊せず人命を守る
※住み続ける、使い続けることはできないかも

倒壊せず人命を守るのは「一度だけ」の可能性が高いよ

構造計算の耐震設計では、「損傷しない安全性」を損傷防止、「人命を守る安全性」を倒壊防止性能としている。具体的には、数十年に一度発生する可能性のある地震(震度5強程度)の「稀地震(中地震)」に対して、損傷しないように行う設計を「一次設計」と位置付けている。また、数百年に一度発生する可能性のある地震(震度6強から震度7程度)の「極稀地震(大地震)」に対して、倒壊、崩壊しないように行う設計を「二次設計」と位置付けている

構造計算の荷重設定は多種多様

建物の構造計算を行うとき、まず、荷重設定を行います。（「建物の強さは構造計算で確認」[56頁]の詳細解説）荷重とは、建物の作用する「**外力**」のことです。外力と言っても、建物を構成している自分自身の構造体や仕上げの重量（固定荷重）も含まれています。

荷重の種類

荷重は、**鉛直方向**に作用する荷重として、**固定荷重、積載荷重、積雪荷重**がある。また、**水平方向**に作用する荷重として、**地震力、風圧力**がある

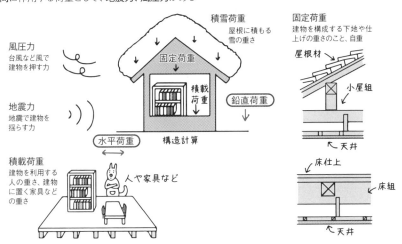

作用する時間で荷重を組み合わせる

構造計算では、前出の荷重をさまざまに組み合わせる。組み合わせの基本は、建物に作用する荷重の作用時間。荷重が長期間作用し続けるのか、一時的に作用するのかで長期荷重、短期荷重として荷重を組み合わせる

荷重作用時間には、長期荷重（作用時間50年を想定）、中長期荷重（作用時間3ヶ月を想定）、中短期荷重（作用時間3日を想定）、短期荷重（10分を想定）の4通りがある

具体的な荷重の合わせ方
① 床梁などの断面算定　　「固定荷重」＋「積載荷重」を「長期荷重」として設計
② 屋根を支える小屋梁の断面算定　　「固定荷重」＋「積載荷重」（人が乗る場合）＋「積雪荷重」
　　　　　　　　　　　　　　　　一般地域の積雪荷重は「中短期荷重」、多雪区域の積雪荷重は「積雪荷重」×70％を「中長期荷重」として設計
③ 地震力や風圧力の設計　　「固定荷重」＋「積載荷重」を基本的に見込む。積雪荷重は多雪区域のみ考慮。その場合は積雪荷重×35％とする

地震地域係数Zは必要なのか

地震地域係数とは、構造計算で地震力を算出するときに必要となる建設地ごとに設定されている係数で、昭和55年建設省告示第1793号に規定されています。

低減された地域でも大地震が発生

地震地域係数には1.0、0.9、0.8、0.7の4種類があり、基本的には、**地震力を低減してよい**とされる数値である。この地震地域係数は地震の起きやすい地域1.0から、起きにくい地域0.7まで4段階で係数が変わり、過去の地震を考慮して決められている

地震力

地震地域係数Z
地震力を「低減」するもの
Z＝1.0、0.9、0.8、0.7の4種類

30%低減
20%低減
10%低減
低減なし

地震地域係数で地震力を低減されている地域で起きた大地震

昭和55年	2004年	2007年	2016年	2018年
地震地域係数Zを規定	新潟県中越地震（最大震度7）：新潟県はZ=0.9	能登半島地震（最大震度6強）：石川県輪島市はZ=0.9　新潟県中越沖地震（最大震度6強）：新潟県はZ=0.9	熊本地震（最大震度7）：益城町はZ=0.9	北海道胆振東部地震（最大震度7）：厚真町はZ=0.9

ところが、この係数は昭和55年の告示のまま。地震力を低減された地域でもその後大地震が起きているけれど、改正されていないんだよ[※]

耐震等級と地震地域係数

建築基準法で規定されている耐震性能は「**耐震等級1**」、建築基準法の1.25倍の耐震性能は「**耐震等級2**」、建築基準法の1.5倍の耐震性能は「**耐震等級3**」とされている。しかし、耐震等級3を地震地域係数Z＝0.8の地域で設計する場合、1.5×0.8＝1.2倍となり、地震力を低減しない地域で設計する耐震等級2よりも低い設計でよいことになる。さらに地震地域係数Z＝0.7の地域で設計する場合は、1.5×0.7＝1.05倍、つまり耐震性の割増がほぼなしでよいことになってしまう

熊本地震を引き起こした布田川断層帯は、M7.0級の地震発生確率が30年以内に1%未満だったんだ。まだ見つかっていない活断層もあり、どこでいつ大きな地震が起きてもおかしくない状況なのだから、地震地域係数を用いて低減しないほうがよいのではないだろうか

※ 静岡県では、2017年に条例で地域係数を1.2に割り増すことを義務化など、条例で強化している地域もあるので、計画する際は要確認

無垢材と集成材

木造建築物の骨組みである木材には、**無垢材**と**集成材**があります。

無垢材
無垢材は、木材そのもの（原木）から柱や梁
の形状に切り出し（製材）、構造材として用
いる

集成材
集成材は、原木から小さな木材を切り出し、
乾燥し接着して柱や梁形状を構成する
[※1]

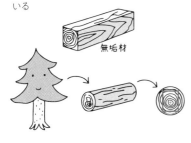

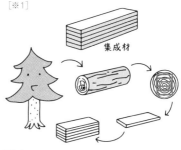

大規模木構造に無垢材が用いられない理由

大規模木構造建物では、柱や梁に集成材を用いることが多い。**集成材のほうが無垢材よりも強度が高い**ため、高い強度が必要となる大規模木構造では金物工法による集成材が多用される。
一方、大規模木構造建物に無垢材を用いた在来工法が採用されない理由は、**無垢材の強度など品質の不明確**さにある

> 伐採し製材したばかりの木材は、**含水率**[※2]がとても高く、乾燥に伴う収縮が始まり、割れたりねじれたりする。柱や梁を構造体として組み上げたあとに乾燥収縮すると、接合部にがたつきが出始め、**接合部の強度低下**につながる

	JAS	強度	乾燥
集成材	ほぼJAS材 ○	明確 ○	乾燥が基本 ○
無垢材 [※3]	流通量少 △	不明確多 △	グリーン材も 流通している △

> 製造過程の小さな材の状態で乾燥、接着させる。集成材は乾燥していることが基本のため、乾燥収縮による影響が少なく、安定している

> いまだに乾燥が甘い材や未乾燥の**グリーン材**が流通している。無垢材は断面が大きくなると乾燥させるのに時間がかかる

> 小規模かつ大スパンが少ない木造住宅程度の建物であれば、大きな問題が起きる可能性は低いけれど、大規模木構造の大きさになると、想定している強度より低い基準強度は、構造上の大きな問題になり得る。そのため、大規模木構造では、ほぼJAS材で、強度等級が明確な集成材が使用されるんだ。もちろん無垢材でも基準強度が明確な材であれば、大規模木構造でも使用は可能だよ

耐震性能を高めるべき理由

耐震性能を高める必要性は、その瞬間だけではなく、耐震性能を持続させるためなのです。

耐力壁の変形量を小さくして損傷させない

筋かい耐力壁

木造住宅で地震力に抵抗する「耐力壁」[※]は、地震力が大きい場合、筋かいが圧縮力で折れたり（座屈）、引張力で破断したりする。折れたり破断したりすれば、効き目はなくなる

面材耐力壁

面材耐力壁の場合は、面材を留め付けた釘が、建物の変形とともに動き、柱や梁に打ち付けた釘穴が大きくなる。柱や梁の釘穴が大きくなれば、効き目はなくなる

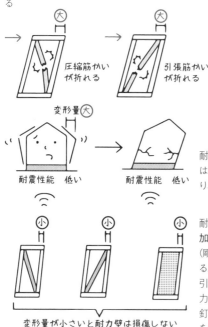

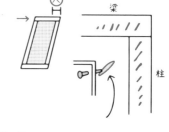

耐力壁の効き目がなくなれば、建物の耐震性能は低下するため、建物の変形量はより大きくなり、いずれ倒壊してしまう

耐震性能を高める1つの方法に、**耐力壁の増加**がある。耐力壁が増えれば建物は硬くなり（剛性が高くなる）、地震による変形量が小さくなる。そうすると、筋かいは圧縮力で座屈したり引張力により破断したりしにくくなる。面材耐力壁は建物の変形量が少ないため、柱や梁の釘穴が大きくなりにくく、耐力壁としての効果を維持し続けることができる

変形量が小さいと耐力壁は損傷しない

> 耐震等級1が損傷するような地震力でも、耐震等級2と耐震等級3は損傷なし、耐震等級1と耐震等級2が損傷するような地震でも、耐震等級3は損傷なし、といった状況になる。したがって、耐震性能の向上によって、地震で損傷する、損傷しないくらいの差が出ることなのです

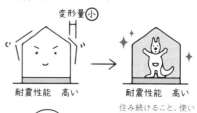

住み続けること、使い続けることができる

※ 柱や梁のフレームに筋かいを入れたり、面材を張ったりすることで地震力に抵抗する壁のこと

木造住宅の実大実験の意味

木造住宅では、実大実験を行うことで耐震性能をアピールすることがあります。阪神淡路大震災と同じレベルの地震で実験して耐震性能を確認！のような感じです。

実大実験に裏付けられた耐震性能の構造計算

膨大な費用をかけて、自社の建物を実大実験する姿勢は、とても素晴らしいことだが、問題なのは、実大実験している建物は本物の耐震性能があり、構造計算しているだけの建物は、耐震性能が低いまたは、不明確のような話になることである

実大実験した建物以外のプランは、構造計算で耐震性能を確認しているはずである

構造計算だけで実大実験をしていないから耐震性能が低いといった話は、とてもおかしなことだよ

構造計算という耐震性能を確認する設計方法は、実大実験などにより得られたデータから導き出された計算方法で、耐震性能を確保できるという「再現性のある計算方法」である

「ガル」だけでは建物への影響力はわからない

<small>column</small>

地震力は、建物重量と加速度（ガル）をかけ算して算出されます。それは、建物に作用する地震力であって、その大きさだけで建物への影響力は図れません。その加速度が「どれだけの時間」作用したのか、地盤の揺れ具合（周期や増幅率）はどの程度かなど、さまざまな要素が組み合わされ、建物への影響力が決まります

加速度○○ガルに耐える家！って何だかおかしい？

参考文献

『楽しく分かる！木構造入門　改訂版』佐藤実／エクスナレッジ

『木造軸組工法住宅の許容応力度設計（2017年度版）』（公財）日本住宅・木材技術センター

『木造軸組工法住宅の構造計画』（公財）日本住宅・木材技術センター

『小規模建築物の基礎設計指針』（一社）日本建築学会

『ゼロからはじめる建築の［構造］入門』原口秀昭／彰国社

「伝統木造建築物柱脚の平面接触モデルに関する実験的研究」『日本建築学会構造系論文集』（一社）日本建築学会

「伝統木造柱脚−礎石間の静摩擦係数」『日本建築学会技術報告集』（一社）日本建築学会

索引

著者略歴

佐藤 実

東北工業大学工学部建築学科卒。東京大学大学院農学生命科学専攻修了、修士(農学)。㈱M's構造設計代表、「構造塾」塾長。木質構造に関するセミナー、構造計算技術者育成コンサルティング、構造計算内製化コンサルティングを行っている。「構造塾」塾生は1,500名超。エンドユーザー向けにYouTube「構造塾」チャンネルまたは、SNSにて耐震性能の重要性を発信している

ぜんぶ絵でわかる❻ 建物が壊れない仕組み

2024年3月4日 初版第1刷発行

著者
佐藤 実

発行者
三輪浩之

発行所
株式会社エクスナレッジ
〒106-0032東京都港区六本木7-2-26
https://www.xknowledge.co.jp/

問合せ先
[編集] tel 03-3403-6796／fax 03-3403-0582
info@xknowledge.co.jp
[販売] tel 03-3403-1321／fax 03-3403-1829